孩子读得懂的

孙子兵法

上

徐青林 ◎ 编著

北京工艺美术出版社

前言

preface

　　《孙子兵法》由春秋时期军事家孙武所著，被誉为"兵学圣典"和"古代第一兵书"。这部流传千古的兵书，不仅仅是中国传统兵学的奠基之作，也是一部指导人们学习、生活、工作、处世的谋略宝典。

　　为了给孩子们带来最原汁原味的经典，本书收录了《孙子兵法》的全文，并用少年儿童读得懂的语言，逐字逐句对原文进行解析。全书精选了数十个历史故事，对原著内容进行充分解读，并配以近百幅卡通手绘漫画，让孩子们在趣味阅读中积累知识。

　　本书以思维导图的形式，提炼每一篇的兵法要点，帮助孩子们透彻理解《孙子兵法》的精髓，提高他们的逻辑思维能力。另外，在每篇的最后，还附以兵法点评，将孙子的思想与现实生活相结合，启发孩子们面对复杂的生存环境，学会如何观察、如何判断、如何行动。

　　希望每一个孩子都能在本书的陪伴下，获得非凡的分析力、判断力以及解决问题的能力，成长为有胆识、有智慧、见识广、格局大的栋梁之材。

出场人物

勾践

春秋时期越国国君。在吴国为奴期间，他饱尝常人不能忍受的耻辱。归国后，他卧薪尝胆，励精图治，最终灭吴称霸，跻身"春秋五霸"之列。

虞诩

虞诩是东汉时期名将，曾平定朝歌叛乱，后被任命为武都太守，以增灶计大破羌军。他为官清廉，政绩卓然，深受百姓的爱戴。

诸葛亮

中国古代杰出的政治家、军事家、发明家、文学家。他辅佐刘备成功建立蜀汉政权，与孙权、曹操形成三足鼎立之势。

努尔哈赤

清朝的奠基者，后金开国之君，中国历史上卓越的政治家、军事家、战略家。萨尔浒之战后，他迁都沈阳，之后率军席卷辽东，攻下明朝在辽七十余城。

李广

西汉时期名将,他凭借个人的勇武和机智的计谋,多次取得对匈奴作战的胜利。匈奴称之为"飞将军",数年不敢来犯。

韩信

西汉开国功臣,中国军事思想"谋战派"代表人物,被后人奉为"战神""兵仙"。作为统帅,他率军作战,无一败绩。

李牧

王翦

战国时期赵国名将,中国古代著名军事家,深得士兵爱戴。他用兵如神,与白起、王翦、廉颇并称战国"四大名将"。

战国时期秦国名将、杰出的军事家,曾率军攻破赵国都城邯郸,扫平三晋地区,攻破燕国都城蓟,又消灭楚国。王翦与其子王贲是秦国统一六国、开疆扩土的最大功臣。

目录
contents

第一篇

孙武小传

本篇讲述了孙武从有志少年成为一代兵圣的淬炼历程，精彩地再现了他与名将伍子胥、吴王阖闾等人以弱胜强的经典战例与相关故事，有助于读者更好地理解《孙子兵法》。

孙武生平简图

约公元前545年	公元前532年	公元前512年	公元前511年	公元前506年	公元前494年	？年
孙武出生	著书立说	孙武演兵	养城之战	柏举之战	讨伐越国	退隐江湖

英雄出少年

约公元前545年，在齐国都城临淄（zī）以北的莒邑（jǔ yì）（今山东广饶境内），诞生了一位伟大的军事家、政治家，他就是被后世尊称为"百世兵家之师""东方兵学鼻祖"的孙武。

孙武出生在一个贵族世家，他的祖辈都精通军事，善于用兵作战。孙武的祖父孙书，是齐国战功赫赫的大将军；父亲孙凭是齐国的卿，也就是齐国最高一级官员；叔父田穰苴（ráng jū）则是精通兵法的齐国大司马。孙家原本以"田"为姓，因为孙书具有卓越的军事才能，为齐国立下治国平乱的汗马功劳，所以齐景公就把孙姓赐予了田书，从此，田书更名为孙书，田家也就成了孙家。

从小接受尚武精神熏陶的孙武，对军事渐渐表现出浓厚的兴趣和天赋。他不安于锦衣玉食的贵族公子生活，反而渴望征战沙场，为国家建功立业。

小小年纪的他，每天都花大量的时间阅读。他尤其喜欢看家中祖辈收藏的兵书，上自黄帝、夏、商、周，下到春秋早中期。只要一有空，孙武就会钻到书室里，翻看有关军事战争的古书，这也为他日后军事思想的形成及著书立说打下坚实的基础。

有一次，孙武读到了"国之大事，在祀与戎"，便向家聘老师请教这句话的含义。老师告诉他："所谓祀，就是祭祀。戎，表示兵戎。"孙武说："祭祀不过是人们的精神寄托，又怎么能与兵戎相提并论呢？在我看来，只有兵，才是真正的国家大事！"

孙武8岁时，被父亲送到学堂读书。他天资聪慧，机敏过人，学起东西来比同龄人都快。那些繁杂的文化课，他看几遍就能记住。所以，当大多数同学还在为学习而头痛时，孙武早已将功课记熟于心，跑出去玩耍了。一次，老师看到这种情况，还以为孙武贪玩，不认真学习，于是生气地叫他回来，故意出题考他。令老师想不到的是，无论问什么，孙武总能对答如流。老师觉察到了他过人的天赋，在接下来的教学中，对孙武格外用心。

所有课程中，孙武最感兴趣的就是"射"和"御"。因为这两门功课是征战沙场的必备技能，而齐国是一个崇尚武力的国家，要想出将入相，为国家所重用，必须习好这两门功课，所以，孙武废寝忘食地练习射御之术。功夫不负有心人，很快，他就成为同学中的佼佼者。但他并没有止步，不论是数九严寒，还是酷暑烈阳，他都坚持不懈，刻苦练习。在孙武心中，一直有一个梦想，就是成为祖父孙书、叔父田穰苴那样优秀的大将军，征战疆场，为国家建功立业。

孙武15岁时，完成了所有课程，以每门全优的成绩结束学业。之后，孙武又参加了"五射""五御"技能强化训练。经过一年的严苛训练，孙武的射箭技巧和驾驭技术有了很大进步。在最后的挑选赛中，他过关斩将，以优异的成绩脱颖而出，获得了第一名。他将代表莒邑参加每年九月在齐都临淄城举办的"射""御"逐赛。这是齐国人最为重视的一场赛事，上至国君下到士兵，无不以参加逐赛为荣。对于一些有志之士来说，这也是大展宏图的绝佳机会。

孙武凭借着过硬的基本功和娴熟的技能，淘汰了所有参赛者，夺得了第一名的好成绩。而他在场上的出色表现，也引起了他的叔父田穰苴的关注。田穰苴早就听孙凭说起过这个小辈，如今一见，果然是个栋梁之材。

田穰苴决定将毕生所悟倾囊相授，在后来孙武的成长过程中，他给予了不少帮助和指点。他反复告诉孙武，在战场上只有做到审时度势，随机应变，才能立于不败之地；作战要有执行力，没有执行力，一切战术都是纸上谈兵……对于叔父的谆谆教导，孙武都牢牢记在心上。从此以后，他在遇到问题时尽量多做设想，尽可能多地分析在战场上可能会遇到的情况，并给出解决良策。通过不断研习，孙武所掌握的军事知识越来越丰富，他对军事理论的把握也越来越灵活。

孙武在幼年时代阅读了大量的兵书，其中，对他影响比较大的是《六韬》《管子》等著作。孙武通过深入细致的研究，同时结合自己的军事思想，做了大量的阅读笔记。渐渐地，他萌生出写一本兵书的想法。不过，孙武从未亲身经历过战争，他决定先考察一些战争地区，再着手编著自己的兵书。孙武先后游历了鲁国、齐国、晋国等发生过战事的古战场，从国情、地形、排兵布阵等方面进行考察，记录下所见、所闻、所感，同时结合兵书，总结出一套自己的策略，这些都为他的军事著作《孙子兵法》奠定了很好的基础。

结识伍子胥

孙武生活的齐国，内部矛盾重重，有田、鲍（bào）、栾（luán）、高四大家族，互相争权夺利、制约抗衡。其中，田氏家族的势力最大，其他三大家族为了削弱田氏的势力，纷纷向齐景公谏言，要求驱逐田氏家族中的田穰苴。

昏庸的齐景公采纳了他们的建议，罢免了田穰苴的官职，将他逐出朝廷。就这样，田穰苴无端卷入四大家族斗争，沦为政治斗争的牺牲品。胸怀大志的他终日郁郁寡欢，身体状况越来越差，不久就离开了人世。

田穰苴的死给孙武带来了极大的打击，他不愿纠缠到卿大夫各族的斗争中，产生了远走他国、另谋出路的想法。经过慎重的考虑，孙武认为，南方新兴的吴国是可以施展抱负的理想之地。于是，他带上心爱的古兵书，长途跋涉前往吴国。在旅途中，孙武还考察了各国的古战场及军事要塞，总结出很多战争谋略和军事思想，这些都成为后来的《孙子兵法》中的精要。

来到吴国后，孙武沉下心撰写兵书，静待发展良机。他万万没有想到，自己的人生轨迹会与另一个人交会，他们将珠联璧合，让不起眼的吴国成为春秋一霸。这个人就是伍子胥。

伍子胥，一个身负家仇大恨的贵族后裔（yì）。因为父亲伍奢得罪楚平王，结果被满门抄斩。伍子胥侥幸逃了出来，一路长途跋涉，几经辗转，最终来到了吴国。他立志兴吴伐楚，以报家族之仇。吴王僚的哥哥公子光发现了他，将他收入门下。之后，伍子胥开始暗中协助公子光谋夺王位，就在他退耕于野，暗中招揽奇人异士时，结识了孙武。

孙武和伍子胥有着太多共同点，他们年纪相仿，都因家族失势而投奔吴国。而且二人都能文尚武，有着远大的理想、抱负和极高的军事天赋。他们经常聚在一起，有时谈论天下大事，有时喝酒对弈，有时切磋武艺，很快就成为知己。

公元前515年，在伍子胥的策划下，公子光发动政变，让收揽的一名叫专诸的刺客杀死了吴王僚。公子光自立为王，他就是历史上赫赫有名的吴王阖闾（hé lǘ）。阖闾即位以后，拜伍子胥为高官，让他参与谋划兴国的大计，制定伐楚的战略。伍子胥总算等到了复仇的机会，不过，他深知伐楚不易，必须要有一位深通韬略的军事家进行筹划指挥。于是，伍子胥在与阖闾讨论兵事时极力举荐孙武。

对于伍子胥的推荐，阖闾并不在意，他觉得孙武太过年轻，也没有领兵作战的经验，不能够担当重任。但伍子胥并没有放弃，他"七荐孙子"，向阖闾介绍了孙武的家世，他的品德以及他对兵法的研究，而且很肯定地说，孙武是一位文武双全的难得人才，绝对不要错过。终于，阖闾被说服了。

当伍子胥骑着高头大马、身着正式官服来请孙武出山时，已经隐居多年的孙武预感到，这是一次非比寻常的召见，很可能是自己人生中的重大转机。于是，他将多年来用心血和汗水著成的十三篇兵书，作为见面礼，敬献给了吴王阖闾。

《计》《作战》《谋攻》《形》《势》《虚实》《军争》《九变》《行军》《地形》《九地》《火攻》《用间》，这十三篇兵书，深刻地阐明了兵战的利害关系、战事规律、将帅素质和胜战要求。孙武还专门针对吴国的国情，提出一整套强国争霸韬略。

阖闾一口气读完了，在心中暗自称赞孙武的军事思想，不过他同时也有疑惑：这个年轻人从来没有打过仗，他提出的理论适用于战争吗？阖间准备试一试孙武。

阖间挑选出180名宫女，命令孙武将她们操练成可以作战的军队。孙武向他要了两个平日备受宠爱的妃子，作为左、右队长，阖间也答应了。

第二天一早，180名宫女分作两队，来到校场，一个个身披软甲，头戴战盔，左手持剑，右手握盾。孙武将所有宫女分成两队，让吴王最宠爱的两位妃子分别担任两队的队长，又安排人做

执法的军令官，一切安排妥当后，孙武就开始练兵了。怎样排列，怎样听口令，怎样做动作，孙武都一样一样地教。可是，宫女们都觉得这不过是一场游戏，她们嘻嘻哈哈，互相打闹，根本不认真学。

孙武重复了一次又一次，宫女们依然嬉笑打闹，完全不听从口令。他叫来军令官，宣布说："两位队长带头违抗军令，依据军律，将她们斩首示众。"此时，阖闾正在台上观看，一听孙武要杀自己的爱妃，大吃一惊，急忙派人传达命令："寡人已经知道你善于用兵了。寡人要是失去了这两个侍妾，吃饭都不香，请不要杀她们。"可孙武毫不留情地说："您既然让我做将军，将在军中，国君的命令可以不用照办。"说完，他就在众人面前直接斩杀了这两位妃子，并且重新挑选了新的队长，继续操练。

这一次，宫女们再没有散漫的举动，她们认真听从孙武的指挥，向左向右，向前向后，跪倒站起，所有动作都符合要求，列队变得整齐统一。孙武向阖闾报告说："队伍已经操练整齐，大王可以下台检验，任凭您想让她们干什么，哪怕是赴汤蹈火也可以。"

通过这次练兵，吴王认可了孙武的军事才能。他封孙武为上将军，让他领军操练，为攻打楚国做准备。

柏举之战

公元前512年，吴国两位公子掩余和烛庸发动政变，失败后，逃到了楚国寻求庇护。楚昭王隆重地迎接了他们，又将楚国东北部的养城封给他们，试图利用两位公子来牵制日益强大的吴国。

吴王阖闾早就想与楚国一决雌雄，此时又有两位公子在楚国，正好有了起兵的理由。于是，他任命孙武为将，率军攻打养城。

养城之战，是孙武军事生涯的第一战。他并没有急着率军出征，而是静下心来进行多方面的筹划谋算。他仔细分析了敌我双方的情况，制订了严密的作战计划。

孙武将吴军分为三队。战端一开，他便派遣第一队直奔养城附近的夷城。楚王听闻后，马上派军赶往夷城增援。可等楚军一到，吴军却停止进攻，转奔潜山，深入楚国境内。楚军紧随其后，当追到潜山后，吴军又四散而去，不见了踪影。楚军担心有诈，便守在潜山。

随后，孙武派出第二队人马，大张旗鼓地沿着淮河逆流而上。楚王见出现另一支吴军，马上命令淮河附近剩下的楚军前去追击。殊不知，这都是孙武的调虎离山之计，他将两拨楚军都吸引到养城百里之外，又派出第三队人马攻打养城。楚王这才恍然大悟，可是他的人马都被调开了，不能及时赶回来救援，所以吴军轻而易举地就攻破了城池，诛杀了掩余和烛庸。

养城之战大获全胜，是孙武精于筹划谋算的结果。《孙子兵法》中讲，"多算胜，少算不胜"，可见，制定战略方针对于一场战役是何等重要。孙武充分地将自己的战略战术思想应用到了实战之中。

吴王阖闾非常高兴，嘉奖了孙武，并让他乘胜追击，攻打楚国。但孙武在胜利和荣誉面前却始终保持着清醒的头脑。他分析了吴楚两国的历史和现状，认为吴国现在还不具备攻打楚国的实力，于是建议阖闾收兵回都，养精蓄锐，静待伐楚的良机。阖闾听取了他的建议。

此后，孙武和伍子胥成为阖闾信任的左右手，共同为国出谋划策。孙武向吴王提出了一系列富国强兵的主张，如扩充兵员，改革军事编制，完善军事法制，建设防卫体系，大力发展水军，改良武器装备等。在他的管理和训练下，吴国的军事实力和综合国力取得了突飞猛进的发展。

伍子胥则提出"三师轮出，相机歼敌"的战略行动。所谓"三师轮出"，就是将吴军分成三支军队，每次用一支军队去侵扰楚国的边境，三支军队轮流出击，和楚军进行游击战，敌进我退，敌军若退，再派出另一支军队进攻。阖闾采纳了这个意见，于是，吴军开始了长达六年之久的疲楚战略，把楚军搞得人困马乏，国力虚弱。与此同时，孙武还运用"伐交"的策略，策动楚国的邻国叛楚亲吴，从而达到孤立楚国的目的。

通过这一系列计划，吴国剪除了楚国在淮河流域的大部分"羽翼"。公元前506年，孙武与伍子胥认为攻打楚国的时机已经成熟，于是，发动了决定吴楚两国命运的"柏举之战"。吴王阖闾亲自挂帅，任孙武为主将，伍子胥、伯嚭等为将军，阖闾的弟弟夫概为先锋，又调遣三万兵力倾国而出。

为了隐藏真实的作战意图，孙武抽出一部分兵力，向楚国在大别山东侧的潜、六等地发动进攻，制造吴军主力部队全面进攻的假象，而吴军主力则悄悄从淮河逆流西上。之后，孙武又变更了作战计划，决定弃舟登陆，由向西改为向南进军。

伍子胥很不理解，询问孙武："吴军善于水战，你为什么要改为陆路进攻呢？"孙武回答："用兵作战，贵为神速。可现在我们是逆水行舟，速度很慢，难以发挥出吴军的优势。而且，楚军也会乘机加强防备，那样我们就很难破敌了。只有出人意料，才能打他们一个措手不及。"

孙武挑出3500名精锐士兵做前锋，迅速突破楚国北部三道防线——大隧、直辕、冥厄（è），进入楚国腹地，直逼汉水。吴国主力部队随后而至，也成功挺进汉水，完成对楚国的战略奇袭。楚昭王得知这个消息后，乱了阵脚，急忙派遣楚国令尹子常、左司马沈尹戌、大夫史皇三人前往汉水御敌。

沈尹戌给子常提出破敌之策，建议子常在汉水西岸巩固防线，阻止吴军强渡，他则率军绕到吴军后方，和主力部队一起夹击吴军。这本是楚军击败吴军的上策。子常起初也同意了沈尹戌的建议。可是沈尹戌率部出发之后，子常担心沈尹戌抢了战功，于是在沈尹戌还未到达指定位置的时候，便传令三军，渡过汉水，主动向吴军发起进攻。

楚军的主动出击，正中孙武下怀。孙武采取"诱敌深入""以逸待劳"等战略，指挥军队由汉水东岸后撤，边撤边与楚军作战。在从小别（今湖北汉川东南）至大别（今湖北境大别山脉）的这一段距离里，吴军与楚军进行三次交战，吴军三战三捷，最后在柏举与楚军决战。夫概一马当先，率先杀入敌阵，左冲右突，如同进入无人之境。这个时候，楚国的士兵早已疲惫不堪，士气低落，面对来势汹汹的吴军，立马阵形大乱，四散奔逃。子常也弃军而走，逃到郑国去了。

楚军的残部纷纷向柏举西南方向，也就是楚国的都城郢的方向奔逃。为了不给敌人片刻喘息的机会，孙武指挥吴军紧追不舍。

楚军快要渡河时，阖闾想发起进攻，被孙武阻止了。孙武认为应该"半渡而击"，等一部分楚军渡过河去，再指挥吴军冲杀过去。于是，阖闾停止进攻，楚军纷纷渡河，他们争相踩踏，死伤很多。等楚军渡河到一半时，吴军突然发起猛烈进攻，楚军猝不及防，几乎全军覆没。

沈尹戍得知子常战败的消息，急忙率兵来增援。吴楚两国面临着事关成败存亡的一战。对于吴军来说，举全国之力，兴师千里，深入楚地，后方粮草补给紧张，而且他们所处的地方三面环水，对面又有沈尹戍带领的楚国军队，形势十分危急；而对于楚军来讲，柏举一战让他们元气大伤，吴军如今已经逼近楚都城下，如果这场战斗失败了，必将国破家亡。

面对惊心动魄的局势，孙武召集全体将士进行战前动员。他重申了"死地而战"的原则，告诉吴军将士我方已陷绝境，只有拼死作战，才有生的希望。在孙武的激励下，将士们

奋勇杀敌，愈战愈勇。最后，楚军主将沈尹戍反被孙武包围，自尽而亡，楚国20万大军全部被歼灭。

吴军包围了楚国都城郢。此时，楚国军心消沉，民心动荡，郢城很快就被攻破。楚昭王见大势已去，直接逃到了隋国避难。

柏举之战是春秋末期一次规模宏大、影响深远的战役。在孙武的指挥下，吴国五战五胜，以3万精兵击败楚国20万大军，铸就了中国乃至世界战争史上"以少胜多"的著名战例。孙武及其《孙子兵法》绝非纸上谈兵，他的各种思想、战略方针都在与楚国的战争中得到了最有说服力的诠释。

归隐修兵书

公元前496年，吴王阖闾趁着越王允常去世，勾践刚刚登基时，举兵攻打越国，却因大意被勾践击败，伤重而死。

阖闾的儿子夫差继位。在孙武、伍子胥等的辅佐下，夫差带领吴国一举争得中原霸主。可是，随着吴国霸业的蒸蒸日上，夫差变得越来越蛮横、专制，他不再像从前那样励精图治，对孙武、伍子胥这些功臣的进言也不放在心上，反而重用奸臣伯嚭（pǐ）。伯嚭收受了越国的巨额贿赂，经常在夫差面前说孙武、伍子胥等忠臣的坏话。

夫差妄自尊大，伯嚭贪财祸国，吴国内部钩心斗角，这一切都被孙武看在眼里。他深知"飞鸟尽，良弓藏；狡兔死，走狗烹"的道理，不愿重蹈叔父田穰苴的覆辙，于是，他选择了急流勇退，正式向夫差提出辞官养老的要求。夫差让伍子胥挽留孙武，但无论伍子胥怎么劝说，孙武都不肯留下。

临别之时，孙武还劝伍子胥和他一起走。他说："炎热的夏天过了，寒冬便会到来，春天结束了，就要做好迎接秋天的准备，这是自然运行的规律。现在吴王自恃（shì）强盛，骄奢自满，荒废朝政，吴国马上也会由盛转衰。如果我们这个时候功成不退，将来一定会有后患的。我不仅想保全我自己，也希望能保全你。"伍子胥听后不以为然，选择继续留在吴国。

夫差感念孙武对吴国立下的汗马功劳，在他临行前赏赐了很多金银财宝，但孙武在归隐的途中全部赠给了贫困的百姓。

孙武走后，伍子胥并没有收敛锋芒，在吴国与越国的战争问题上一而再、再而三地向夫差谏言。可夫差哪里听得进去，时间久了，他开始反感伍子胥，故意疏远他。伯嚭趁机向夫差进谗（chán），说伍子胥对吴国有二心。夫差听后非常生气，派人给伍子胥送去了一把宝剑，赐他自刎而死。

伍子胥对门客说："请将我的眼睛挖出，放在东门之上，我要看着吴国灭亡。"说完就自尽了。夫差听了伍子胥的遗言后很愤怒，命人将伍子胥的尸体装在一只皮袋里，扔到了钱塘江中。伍子胥不听孙武忠告，最后落得凄惨下场。

孙武举家归隐，终日与青山绿水为伴，生活悠然自在。他的几个儿子长大成人，孙武把自己的军事理论和谋略思想传授给了他们。与此同时，他总结长期作战的经验，重新修订了《孙子兵法》，对里面一些内容进行了增补和完善，使这部兵书成为兵学思想的宝库、兵家理论的经典。

《孙子兵法》中的军事观点，对中国乃至世界的军事发展都产生了巨大的影响。而孙武作为"古代第一个形成战略思想的伟大人物"，当之无愧地被誉为一代"兵圣"，为后世景仰。

计篇

计篇是《孙子兵法》的战略论，是全书的总则，孙子一开篇就为我们揭示了战争的性质、意义和重要作用："兵者，国之大事，死生之地，存亡之道，不可不察也。"全面探讨了决定战争胜负的基本条件，即"五事""七计"，并阐述了"攻其无备，出其不意"的道理。

原文

孙子曰：兵者，国之大事，死生之地，存亡之道，不可不察也。

故经之以五事，校之以计，而索其情：一曰道，二曰天，三曰地，四曰将，五曰法。道者，令民与上同意也，故可以与之死，可以与之生，而不畏危；天者，阴阳、寒暑、时制也；地者，远近、险易、广狭、死生也；将者，智、信、仁、勇、严也；法者，曲制、官道、主用也。凡此五者，将莫不闻，知之者胜，不知者不胜。故校之以计，而索其情，曰：主孰有道？将孰有能？天地孰得？法令孰行？兵众孰强？士卒孰练？赏罚孰明？吾以此知胜负矣。将听吾计，用之必胜，留之；将不听吾计，用之必败，去之。

计利以听，乃为之势，以佐其外。势者，因利而制权也。兵者，诡道也。故能而示之不能，用而示之不用，近而示之远，远而示之近。利而诱之，乱而取之，实而备之，强而避之，怒而挠之，卑而骄之，佚而劳之，亲而离之。攻其无备，出其不意。此兵家之胜，不可先传也。

夫未战而庙算胜者，得算多也；未战而庙算不胜者，得算少也。多算胜，少算不胜，而况于无算乎！吾以此观之，胜负见矣。

孙子说：战争，是国家的头等大事，它关系到生死存亡，是不可以不详加考察和研究的。

所以，要从以下五个方面分析研究，从计谋上加以衡量，并从中探求战争胜负的情形：一是道，二是天，三是地，四是将，五是法。道，是使民众与君主的意志相一致，所以可以使民众与国君一同赴死，一同相养相生，而不会畏惧危险。天，是指阴阳、寒暑、四时的更替变化。地，是指征战路途的远近，地形的险阻与平坦，作战场地的广阔与狭窄，以及哪里是死地、哪里是生地等。将，是指将帅是否足智多谋，是否赏罚有信，是否爱护部属，是否勇敢果断，是否军纪严明。法，是指军队的组织编制、各级将官的职责区分、军需物资的供应管理等制度规定。凡属这五个方面的情况，将领们没有不知道的。只有充分地了解，才能获胜；否则，就不能取胜。所以，要从以下七个方面对敌我双方的情况进行研究分析，从中探求战争胜负的情形，包括：哪一方的君主更正义？哪一方的将领更有才能？哪一方占据了更多的天时地利条件？哪一方的法令能够更加切实地贯彻执行？哪一方的兵力更为强大？哪一方的士兵更加训练有素？哪一方的赏罚更加公正严明？我根据这些，就可以推知谁胜谁负了。如果能听从我的计谋，用兵就一定能够胜利，我就留在这里；如果不能听从我的计谋，用兵就必定会失败，我就离开这里。

有利的计策已经被采纳，还要设法造势，以辅助作战的进行。所谓"势"，就是根据对敌我双方利害得失的把握而掌握主动权。用兵打仗，是一种诡诈之术。所以，能打却装作不能打；能攻而装作不能攻；要打近处，却装作要在远处行动；要打远处，却装作要在近处行动。敌人贪利，就用利引诱他们；敌人混乱，就趁机攻击他们；敌人实力雄厚，就要注意防备他们；敌人实力强劲，就暂时避开他们的锋芒；敌人冲动易怒，就要设法骚扰激怒他们；敌人鄙视我方，就要设法使其变得骄傲自大；敌人休整充分，就要设法使他们疲困；敌人内部团结，就要设法离间他们；要在敌人没有防备的地方发动攻击，要在他们意料不到的时候采取行动。这是兵家取胜的奥妙所在（其中的深意必须在实践中方能体会），是无法事先传授的。

凡是在开战之前就预计能够取胜的，是因为筹划周密，胜利条件多；开战之前就预计不能取胜的，是因为筹划不周，胜利条件少。筹划周密、条件具备就能取胜，筹划不周、条件缺乏就不能取胜，更何况根本不筹划、没有任何胜利条件呢！我依据这些来观察，胜负的结果也就很明显了。

有图有兵法

◁ 兵者，国之大事，死生之地，存亡之道 ▷

战争是国家的大事，关系到国家的生死存亡。所以，制定策略应对战争，才能保证战争胜利，国家昌盛。

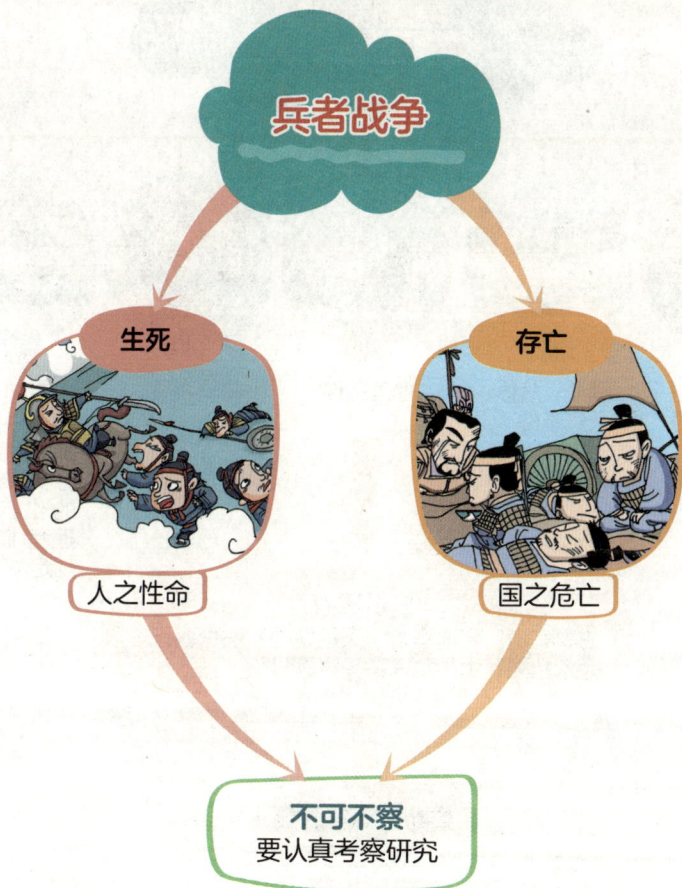

兵者战争

生死

人之性命

存亡

国之危亡

不可不察
要认真考察研究

◀ 故经之以五事 ▶

从道、天、地、将、法五个方面分析研究战争胜负，方可制敌，赢取胜利。

赢得战争胜利须考量的五个方面

道
使民众与君主的意愿相一致，可与君主同生死

天
季节、气候、天气条件

地
地理条件

将
将领素质

法
军队编制，将帅职责区分，物资的供应管理等组织制度规定

度量思考
主孰有道？将孰有能？天地孰得？法令孰行？
兵众孰强？士卒孰练？赏罚孰明？

推断出战争胜负

增灶败羌军

东汉时期，居住在陇西一带的羌人经常发动叛乱，想要推翻汉朝的统治。为了安定这里的局势，朝廷任命虞诩（yú xǔ）为太守，前往武都郡（今甘肃成县以西）镇压羌军的反叛。

羌军首领听说了这个消息，想在虞诩上任之前就消灭他，便带领几千名羌军屯扎在去往武都郡的必经之路上。道路受阻，虞诩只好停留在陈仓附近。当时，他只带了一些护送的士兵，人数远远少于羌军。如果这个时候撤退，必然会遭到羌军的追杀。于是，虞诩让手下人散布说，他已经上书朝廷请求增援，等援兵一到，马上向武都郡进发。

这话很快就传到了羌军的耳朵里。羌军首领觉得虞诩兵少胆怯，不敢继续前进，于是对他放松了警惕，分兵到附近的州县抢掠。虞诩趁着敌军分散的机会，带领军队连夜突围，疯狂行进一百多里路。当羌军发现时，虞诩早已经过了陈仓。

羌军不肯这么轻易就放过他，就在后面穷追不舍。虞诩马上

第二篇 计篇

下令，让士兵在做饭的时候，每人挖两个灶，每过一天，灶坑的数量便会增加一倍，并且还让士兵保持每天二百里的行军速度。尾随的羌军在经过虞诩军队驻扎过的地方，发现灶坑的数量不断增加，都以为汉军的援兵已经来到，不敢再穷追不舍了，只是远远地跟着。

虞诩的手下不解地问："以前孙膑使用过减灶计迷惑庞涓，如今您却增加灶的数量。兵法中说，每天行军不超过三十里，以保存士兵体力，而您却下令每天行进二百里，将士们都很疲惫，您为什么要这样做呢？"

虞诩解释说："敌军人数多，我军人数少，如果走得慢，很容易被追上，而快速行军，他们就摸不清我们的底细了。孙膑减灶，是为了使敌军认为他的兵力少；我们增灶，是为了使敌军误以为我们兵力多。形势不一样，所采取的战术也就不一样。"

就这样，虞诩有惊无险地进入了武都郡。到达之后，他发现郡中兵力不足三千，羌军却有一万多人。羌军已经包围了城外不远的赤亭，形势十分危急，而这时，虞诩却向士兵下令，把强弩全部收起来，改用小弩射向羌军。

羌军一看虞诩军队的武器力量这么弱，都信心大增，集中兵力向赤亭发起猛攻。虞诩知道对方中计了，连忙让弓箭手拿出强弩，每二十支强弩集中射一个人，每发必中。很快，羌军就被射成了一个个"刺猬"，吓得他们连连后退。虞诩趁机出兵，大量击伤敌人，这一下羌军伤得不轻，再也不敢贸然进攻了，虞诩军队牢牢掌握了战斗的主动权。

到了第二天，虞诩又让士兵们列阵，命令他们从东门出城，再从北门入城，进城后马上更换衣服，再次从东

门出城，从北门入城，就这样一直循环了好几次。城外的羌军看见汉兵来来往往，不知道城内究竟有多少军力，暗地里十分惊恐，军心开始动摇。

虞诩估计羌军很快会撤退，于是秘密派遣500多人埋伏在河道的浅水处，堵住羌军的退路。事情的发展果然和他预想的一样，没过多久，羌军就撤退了。经过汉军埋伏的地方时，伏兵四起，杀声震天，羌军被吓得抱头鼠窜，四散奔逃。汉军杀敌擒虏，取得了很大的胜利。这一战，羌军伤亡严重，余部向南逃窜了。

赶跑了羌军，虞诩又抓紧时间恢复当地的生产和生活秩序。他研究地形，修建了180处营堡，并召回了流亡的百姓，赈济贫民，平复物价，将高得离谱的谷价和盐价都压了下来。从此，武都郡人人富足，家家丰裕。百姓们都称赞，虞诩不仅用兵如神，还是一位爱民如子的好官。

虞诩增灶断追、计败羌人，是"兵行诡道"的典型战例，整个过程十分精彩，处处突显了"诡诈"二字。

《孙子兵法》说："能而示之不能，用而示之不用。"这就是说故意掩饰自己的真实力量，从而达到令敌方轻视、松懈的目的。虞诩活学活用，反其道而行之，最终圆满地完成了朝廷交给自己任务。

吴越争霸

春秋末年，吴国和越国为争夺霸权，在公元前506年至公元前473年这段时间里，发生过多次交锋。

公元前494年，吴王夫差在今浙江绍兴东南一带大败越国。越王勾践忍辱求和。他表面上用卑屈的姿态麻痹夫差，背地里却在积蓄力量，伺机而动。最后，勾践成功地灭掉了吴国，一雪前耻。吴越争霸的例子，在许多方面都印证了《孙子兵法·计篇》的实用性。

吴国和越国是位于长江中下游的两个国家，崛起于春秋中后期。

公元前494年春，越王勾践讨伐吴国，结果被吴王夫差打败了。勾践为保全越国，采纳了大夫范蠡（lǐ）的计策，派文种到吴国求和。文种到吴国后，极力劝说夫差。为了进一步迷惑夫差，范蠡又投其所好，派人送去了美女和大量的珠宝，以讨夫差的欢心。面对越国的乞求，夫差失去了理智，他没有杀掉勾践，而是让他来吴国当人质。

勾践为保存实力，找机会复国，就将国家交给文种治理，自己和妻子、范蠡一起来到吴国，做了夫差的奴仆。

夫差为了羞辱勾践，让他住在吴王阖闾坟前的一个小石屋中守坟喂马，有时还故意要他牵马从吴国百姓面前走过。勾践忍辱负重，毫无怨言，对夫差百依百顺，伺候得无微不至。文种这边则不时派人用厚礼贿赂吴国太宰伯嚭，让他在夫差面前多为勾践美言。在伯嚭的反复劝说下，夫差认为勾践是真心归顺，三年后将他释放回国。

勾践回国后，首先下了一道"罪己诏"，检讨自己轻率与吴国开战，致使许多百姓在战争中送命。为了表示自己的诚意，勾践还亲自去慰问受伤的战士，抚恤阵亡者的家属。

为了激励自己不忘雪耻，勾践特意睡在柴薪之上，并在屋中悬挂了一枚苦胆，每次吃饭之前都要先尝一尝。

勾践和夫人还与越国百姓同甘共苦，过着同样清贫的生活。他亲自下田耕作，夫人自己养蚕织布，他们吃饭不食鱼肉，所穿的衣服也不加修饰。

越国战败之后，人口锐减，经济上更是损失惨重，针对这一情况，勾践采取了休养生息的政策，以恢复国家的元气。勾践下令：妇女怀孕、临产时要报告给官府，由官府派医生去看护。生男孩的人家奖赏两壶酒和一条狗；生女孩的人家奖赏两壶酒和一

头小猪；生三胞胎的人家由官府出钱请乳母；生双胞胎的人家由官府补贴粮食。凡是死了嫡子的人家，免除三年的劳役；死了庶子的人家，免除三个月的劳役。勾践又减轻税粮，鼓励百姓开荒种地，宣布十年之内免征赋税，让每户人家都有三年的粮食储备。由于实行了"去民之所恶，补民之不足"的措施，越国百姓亲近勾践就像儿子孝敬父母一般。

在改革内政的同时，勾践继续对吴国采取麻痹的策略，不间断地送去珍宝和美女。在送给吴国的美女之中，最得宠的就是西施。这一举措不仅消除了夫差对越国的戒备，也让他沉溺于财色之中，极大地消磨了他的意志。

勾践还暗中搞坏吴国经济，他高价收购吴国的粮食，造成吴国的粮荒。

勾践一直比较忌惮吴国那些贤能之臣，于是他巧用离间计，让夫差疏远老臣伍子胥，而更加宠信接受越国贿赂的伯嚭。夫差刚愎自用，轻易就中计了，对伍子胥的逆耳忠言越来越听不进去，后来又听信谗言，认定伍子胥要勾结齐国谋反，派人给他送了一把宝剑，令他自杀。夫差这一自毁长城的做法正中勾践下怀。

在取得一系列战争的胜利后，吴国领土得到了极大的扩展，夫差因此变得越来越骄狂自大，而勾践则静静地蛰伏着，随时准备给予敌人致命一击。

夫差完全没有看到越国的威胁。公元前484年，夫差听说齐景公去世，认为自己称霸中原的最佳时机已经到来，决定出兵北上伐齐，并在艾陵（今山东莱芜莱城区）击败齐军。公元前482

年，夫差又约晋定公和各国诸侯前往黄池（今河南封丘西南）会盟，并带了吴国三万精锐部队，只留下一些老弱军士同太子一起留守国内。

夫差的远征给了越国可乘之机。在吴军刚离国北上时，勾践就想出兵攻吴，被范蠡劝住。范蠡认为吴军离境不久，掉头回师不难，越国应当暂缓出兵。数月之后，范蠡估计吴军已经抵达黄池，断定伐吴的时机已经成熟，便建议勾践率领越军四万九千人，兵分两路，一路切断北去吴军的归路，一路入侵吴国南部，进而直逼吴国的国都姑苏。

吴国太子友得到越国来袭的消息，马上率兵到达泓上（今江苏苏州近郊），太子友心里清楚，此时吴国精锐尽出，国内空虚，与越军交战没有任何好处，所以他坚守待援，同时通知夫差尽快回军。然而，吴国的部将不赞成太子友"坚守疲敌"的主张，率军主动出击，虽然刚开始取得了小胜，但最后却被越军打败。越军俘虏了太子友，趁势占领了姑苏。

夫差听说姑苏被占和太子友被俘的消息时，正在与晋定公争夺霸主之位。为了封锁消息，他将前来报信的人统统杀掉，并用武力威胁晋国让步，这才勉强做了霸主，然后又匆忙回军。然而，在归国途中，吴军上兵接连听到太子被杀、国都失守等消息，军心涣散，完全丧失了斗志。夫差感觉现在反击没有必胜的把握，于是在途中派伯嚭向越国求和。勾践和范蠡估计己方的力量还不能完全消灭吴国，便同意议和，然后撤兵回国。

夫差回到吴国后，自然咽不下这口恶气，本想马上报复越国，怎奈年年征战，经济遭受严重破坏，国内又接连闹起灾荒，于是夫差宣布"息民散兵"，打算等待时机一雪前耻。文种见到这种情况，担心吴国实力恢复之后，再战胜它就困难了，便建议勾践趁吴国疲惫、国内防御松弛的机会，抓紧完成灭吴大业。勾践听完文种的分析，采纳了他的建议，于公元前478年乘吴国大旱、粮库空虚之机，再次进攻吴国。

与吴国决战前，勾践召集群臣进行了周密的部署，采纳了明赏罚、备战具、严军纪、练士兵等建议。勾践打出"为国复仇"的口号，赢得了越国人民的支持。勾践还规定，独子及体弱有病者免服兵役，家中有兄弟二人以上的，留一人在家奉养父母。出师前又历数吴王夫差的罪状，使得全军士气高涨。

因为战前准备充分，越军一路势如破竹，所到之处尽数占领，一举消灭了吴军主力，彻底扭转了吴强越弱的形势。

吴军节节败退，最后固守姑苏，由于姑苏城防坚固，越军一时没能攻下，勾践便采取长期围困的战略。

外无援兵，内无粮草，吴军在苦苦坚持了两年后终于势穷力竭。越军趁势发起强攻，一举拿下姑苏城。夫差率残部逃到姑苏台上，眼看走投无路，只能派人向勾践求和。

勾践担心夫差效仿自己忍辱负重，进而励精图治、一雪前耻，便拒绝了他的请求。夫差见求和无望，就自杀了。越国赢得了最终胜利，勾践也凭借灭吴之战成为春秋时期的最后一位霸主。

作为一个弱小的国家，越国能灭掉实力强大的吴国，有以下几点原因：

首先，越国能从失败中吸取教训，制定正确的发展方略，"去民之所恶，补民之不足"。与此同时，勾践以复仇雪耻为号召，激发了越国人民强烈的爱国热情。他们热烈拥护国君，积极参与到灭吴的战事之中，真正做到了"令民与上同意"。

其次，在战略上，面对强大的敌人，越国能够避其锋芒、韬光养晦，并通过采用休养生息的政策，既保存了实力，又极大地增强了国力，为最终战胜强敌创造了条件。

再次，在蛰伏等待时机的过程中，越国对吴国君臣进行了充分研究，并针对他们的弱点，分别采取了"利而诱之""强而避之""亲而离之"等策略，有效地麻痹了敌人，妄自尊大的夫差自毁长城，穷兵黩（dú）武，亲手将自己的国家和臣民推向万劫不复的深渊。

最后，越国等到时机完全成熟才发起攻击，临战前又进行精心策划，采取了乘虚偷袭的作战方针，出其不意，攻其不备，一击致命，打得吴军只有招架之功，而无还手之力，最终国破君亡。

通过这个战例我们不难看出，越国采用的许多策略都与《孙子兵法·计篇》所论述的思想相符合。

　　《计篇》中提出了三条兵学原则：一、"先计而后战"，就是预先对决定战争胜负的基本条件进行详细的研究；二、"以庙算胜"，即为实现以上基本条件而进行战略准备与筹划，从而提出的战略思维；三、"攻其无备，出其不意"，即灵活机动，提高作战时的能动性。

　　而且，这种对战争的认识，同样可以运用到我们的日常生活之中。比如我们都会面临诸如升学考试、就业选择、独立创业等人生的重大选择，它们关系着我们一生的幸福，因此必须做出正确的抉择。

　　在这种关键时刻，最重要的是什么？那就是精心研究一切主客观条件，对于难得的机遇一定要牢牢把握。我们完全可以按照孙子提出的"五事七计"做出分析，努力为自己创造成功的条件。

　　比如运用到学习上，"五事"中的"道"，指学习的目标；"天"和"地"，指应当具备的客观条件；"将"，指教师的教学水平；"法"，指我们的学习方法。如果我们在学习中能对此进行全面的分析，发扬优势，改进不足，就能取得长足的进步。做好了这一点，我们就离自己的理想目标又近了一步。

名家论《孙子兵法》

孙子的智战战略思想有两层含义：一是预见性，所谓"未战而庙算胜"（《计篇》）；二是智慧性，所谓"因形而措胜于众"（《虚实篇》）。这里的"制胜之形"，既可指作战方式，又可指战略策略。总之，是根据客观情况，随机应变，灵活处置。孙子的高明之处就在这里，究竟有些什么奇谋妙策，龙韬虎略，他一概采取引而不发的叙述，用他的话说，"此兵家之胜，不可先传也"（《计篇》）。

——吴如嵩

作战篇

　　本篇着重论述了战争对人力、物力和财力的依赖关系，阐明了速胜之利及久战之害，全面论述了"兵贵胜，不贵久"这一速胜思想，并提出了"因敌于粮"以及奖励士兵、优待俘虏等原则，以使自己"胜敌而益强"。

原文

孙子曰：凡用兵之法，驰车千驷，革车千乘，带甲十万，千里馈粮。则内外之费，宾客之用，胶漆之材，车甲之奉，日费千金，然后十万之师举矣。

其用战也胜，久则钝兵挫锐，攻城则力屈，久暴师则国用不足。夫钝兵挫锐，屈力殚货，则诸侯乘其弊而起，虽有智者，不能善其后矣。故兵闻拙速，未睹巧之久也。夫兵久而国利者，未之有也。故不尽知用兵之害者，则不能尽知用兵之利也。

善用兵者，役不再籍，粮不三载。取用于国，因粮于敌，故军食可足也。国之贫于师者远输，远输则百姓贫；近于师者贵卖，贵卖则百姓财竭，财竭则急于丘役。力屈、财殚，中原内虚于家。百姓之费，十去其七；公家之费，破车罢马，甲胄矢弩，戟楯蔽橹，丘牛大车，十去其六。

故智将务食于敌，食敌一钟，当吾二十钟；芑秆一石，当吾二十石。

故杀敌者，怒也；取敌之利者，货也。故车战，得车十乘以上，赏其先得者，而更其旌旗，车杂而乘之，卒善而养之，是谓胜敌而益强。

故兵贵胜，不贵久。故知兵之将，生民之司命，国家安危之主也。

孙子说：大凡用兵，其规律是要出动轻型战车千辆，辎重车千辆，军队十万，还要跋涉千里运送粮食。那么前后方的用度，接待使节来宾的开支，胶、漆一类作战物资的供应，保养、补充武器装备的花销，每天的耗费多达上千金，然后十万大军才能出动。

用这样庞大的军队去作战，就要求速战速胜，时间一久就会使军队疲惫、锐气挫伤；攻城会使力量消耗殆尽；军队长期在外作战，会造成国家财力的紧张。军队疲惫、锐气挫伤、国力耗尽、财力枯竭，那么其他诸侯就会乘机发兵进攻，到那时，即使有足智多谋的人，也无法收拾残局。所以，在用兵上只听说过有讲究战术简单而追求速胜的，没见过有讲究战术技巧而将战争拖得很久的。战事旷日持久而对国家有利的情形，从来就没有过。所以，不能完全了解用兵害处的人，也就不能完全了解用兵的益处。

善于用兵的人，不一再征集兵员，不多次运送粮草。武器装备等从国内取得，粮草则在敌国解决，这样，军队的粮食供应就得到了满足。国家之所以会因为用兵而变得贫困，远途运输是重要原因，远途运输就会使百姓陷于贫困；邻近军队的地区物价飞涨，物价飞涨就会使百姓财力枯竭，百姓财力枯竭，就更加急迫地征收赋税。国力耗尽，财政枯竭，国内就会家家空虚，百姓的财力，将会耗去十分之七；政府的财力，由于车辆破损、战马疲惫，装备、兵器、战具的补充以及辎重车辆的征调，要耗去十分之六。

所以，明智的将帅务求在敌国就地解决粮食的供给问题。消耗敌国一钟粮食，相当于从本国运送二十钟粮食；消耗敌国一石饲料，相当于从本国运送二十石饲料。

要想使士兵奋勇杀敌，就要激发他们同仇敌忾的勇气；要想夺取敌人的物资，就要用财货奖赏士兵。因此在车战中，缴获战车十辆以上，要奖赏最先夺得战车的士兵，并且更换战车上的旗帜，混入自己的战车编队之中。对于俘虏，要善待和供养他们。这就是所谓战胜敌人而使自己的力量更加强大。

所以用兵贵在速胜，而不宜旷日持久。

所以精通用兵之道的将帅，是民众命运的掌握者，是国家安危的主宰者。

有图有兵法

◖ 故兵闻拙速，未睹巧之久也 ◗

行兵打仗只听说宁可粗略简单只求迅速取胜，没见过要求精巧而久拖战局的。速战速决才是取胜的关键。

行军用兵贵在神速

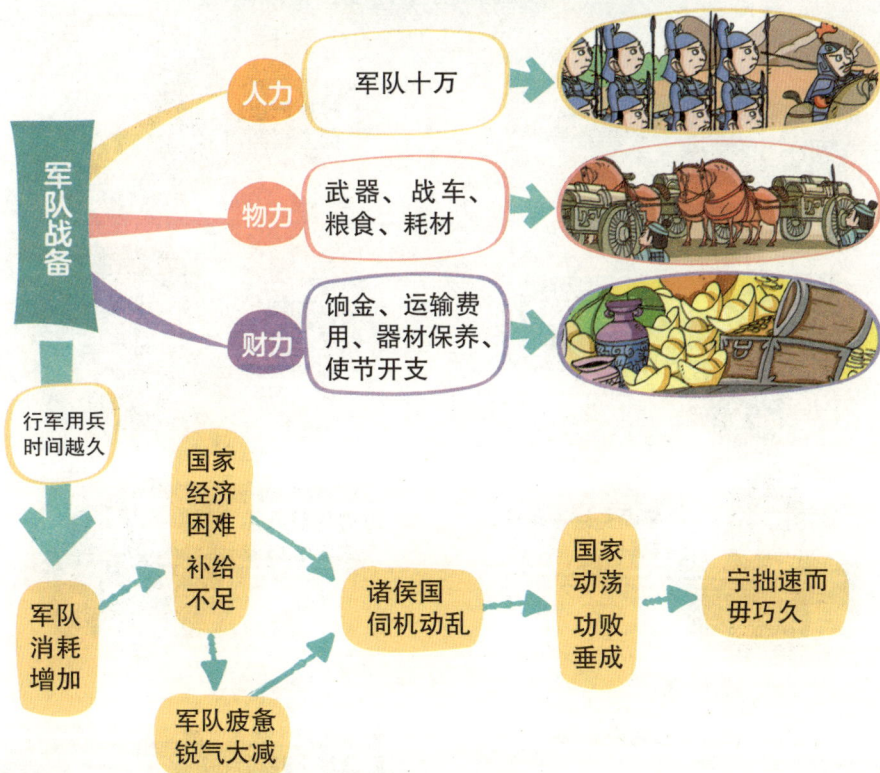

军队战备

人力 — 军队十万

物力 — 武器、战车、粮食、耗材

财力 — 饷金、运输费用、器材保养、使节开支

行军用兵时间越久

军队消耗增加

国家经济困难 补给不足

军队疲惫锐气大减

诸侯国伺机动乱

国家动荡功败垂成

宁拙速而毋巧久

◄ 国之贫于师者远输 ►

　　国家会因用兵而招致贫困。因此善于用兵的人，就会尽量缩短出征的时日，减少战争的损耗，保留实力，稳定国情。

导致国家衰弱的连锁反应

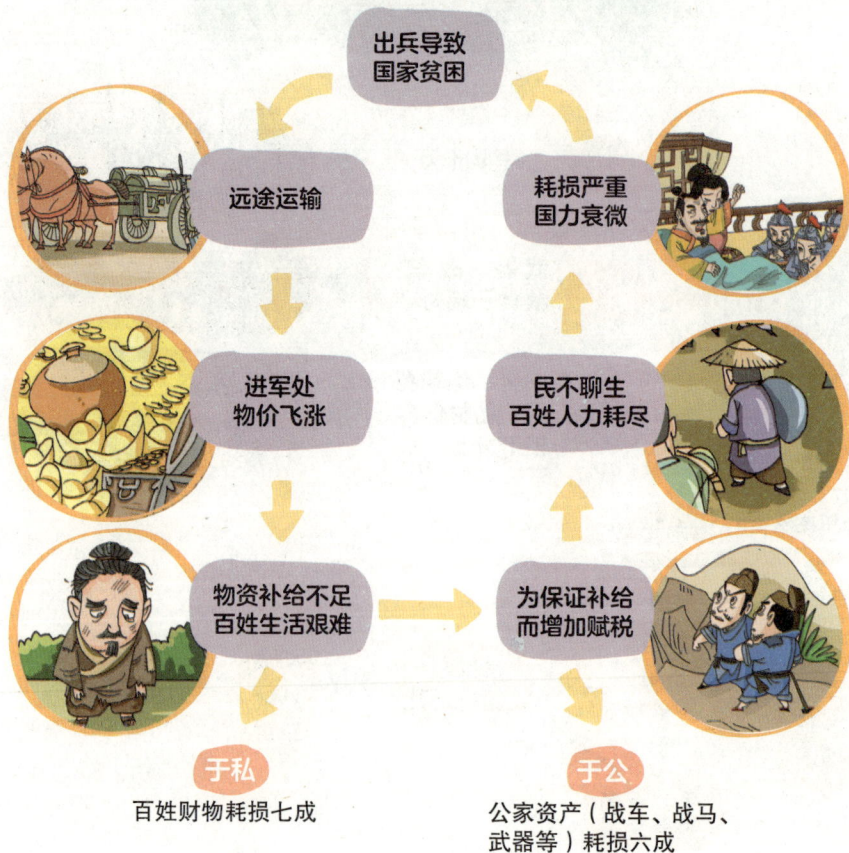

出兵导致
国家贫困

远途运输

耗损严重
国力衰微

进军处
物价飞涨

民不聊生
百姓人力耗尽

物资补给不足
百姓生活艰难

为保证补给
而增加赋税

于私
百姓财物耗损七成

于公
公家资产（战车、战马、武器等）耗损六成

萨尔浒之战

努尔哈赤建立后金后，又花了两年多时间整顿内部，发展生产，扩充兵力。1618年，努尔哈赤召集八旗首领和将士誓师，宣布跟明王朝因七件事结下了冤仇，称为"七大恨"。第一件就是明王朝无故挑衅，害死了他的祖父和父亲。为了报仇雪恨，他决定起兵征伐。

第二年，努尔哈赤亲自率领2万人马进攻抚顺（今辽宁抚顺）。他先写信给抚顺明军守将，劝他投降。守将李永芳一看后金军来势汹汹，临阵怯战，没有抵抗就投降了，后金军俘获了人口、牲畜共计30余万。明朝的辽东巡抚派兵救援抚顺，也被后金军在半路上打垮。努尔哈赤命令毁了抚顺城，带着大批战利品回到赫图阿拉（今辽宁永陵）。

消息传到北京，明神宗大怒，派杨镐（gǎo）为辽东经略，讨伐后金。杨镐经过一番紧张的调兵遣将，集中了10万人马。1619年，杨镐分兵四路，分别由四个总兵率领，进攻赫图阿拉。

第三篇 作战篇

中路左翼是山海关总兵杜松；中路右翼是辽东总兵李如柏；北路是开原总兵马林；南路是辽阳总兵刘𬭁。为了扩大声势，对外号称47万大军。杨镐坐镇沈阳，指挥全局。

那时候，后金八旗军兵力合起来只有6万多人。一些后金将士得到情报，不免有点儿害怕，来找努尔哈赤，要他拿主意。努尔哈赤胸有成竹地说："别怕，管他几路来，我就是一路去。"

经过侦察，努尔哈赤得知杜松率领的中路左翼是明军主力，而且已经从抚顺出发打了过来，努尔哈赤就集中兵力，先对付杜松。

杜松是一员身经百战的名将。从抚顺出发的时候，天正下着大雪，杜松想抢头功，不顾气候恶劣，急急忙忙地冒雪行军。他先攻占了萨尔浒（今辽宁抚顺东）山口；接着分兵两路，把一半兵力留在萨尔浒扎营，自己带领另一半精兵攻打后金的界藩城（今辽宁新宾西北）。

努尔哈赤一看杜松分散兵力，心里暗暗高兴。他集中八旗的兵力，一口气攻下萨尔浒明军大营，截断了杜松的后路。接着，又急行军援救界藩城。正在攻打界藩城的明军，听到后路被抄，军心动摇。驻守在界藩城的后金军从山上居高临下地杀过来，把杜松军杀得七零八落。这时，努尔哈赤率领大军也赶到了，把杜松军围了个水泄不通。杜松左右冲杀想要突围，突然一箭飞来，正射中他的头部，杜松从马上栽下来就死掉了。他部下的明军被杀得尸横遍野，血流成河。明军的主力人马最先覆灭了。

北路的马林从开原（今辽宁开原）出兵，刚到达距离萨尔浒40里的地方，就得到杜松兵败的消息，

吓得他急忙转攻为守，就地依山扎下营垒，挖了三层壕沟，准备防守。但努尔哈赤率领的八旗兵从界藩城马不停蹄地赶来，一鼓作气就攻破了明军营垒。马林没命地逃奔，才回到开原。第二路明军又被打散了。

坐镇沈阳的杨镐，正在等待各路明军的捷报，没承想收到的竟是两路人马覆灭的坏消息，这把他惊得目瞪口呆，才知道努尔哈赤的厉害，于是连忙派快马传令让另外两路明军立刻停止进军。

中路右翼的辽东总兵李如柏胆子很小，行动也特别迟缓，接到杨镐命令，急忙撤退了。山上巡逻的20多名后金哨兵远远望见明军撤退，便开始擂鼓大声呐喊。明军兵士以为有大批追兵赶来，都争先恐后地奔逃，结果自相踩踏，死了不少人。

剩下的一路是南路军刘綎。杨镐发出停止进军命令的时候，刘綎军已经深入后金军阵地，各路明军失败的情况，他一点儿也不知道。刘綎是明军中出名的猛将，他使用一把120斤的大刀，运转如飞，外号叫"刘大刀"。刘綎军军令严明，武器火药也多。进入后金阵地以后，连破几个营寨。

努尔哈赤知道刘綎骁（xiāo）勇，不能与之硬拼，于是他选了一个投降过来的明兵，叫他冒充杜松部下，送信给刘綎，说杜松军已经到达赫图阿拉城下，只等刘綎军去会师攻城。

刘綎不知道杜松军已经覆灭，便信以为真，他怕让杜松抢了头功，下令火速进军。这一带道路又险又狭，人马不能够并列，只好改为单列进军。刘铤带兵走了一阵，忽闻杀声四起，漫山遍野都是后金伏兵，向自己的部队杀来。刘铤正在着急，努尔哈赤又派一支后金兵穿着明军衣甲，打着明军旗帜，装扮成杜松军前来接应。刘铤毫不怀疑，把人马带进假明军的包围圈里。后金军里应外合，四面夹击，使得明军阵势大乱。刘铤虽然勇猛，挥舞大刀杀退了一些后金兵，但毕竟寡不敌众，左右两臂都被砍伤，最终被杀。

这场战役从开始到结束，只用了5天时间，杨镐率领的10万明军损失了一大半，文武将官死了300多人。这就是历史上著名的"萨尔浒之战"。

战例应用己

诸葛亮抢割新麦

在古代，生产力落后，军事物资尤其是军粮相对而言比较匮乏，将领都会尽量降低本国的消耗，而想方设法从敌人手中夺取，来保障己方的供应和需求。下面这个《三国演义》中的故事就很好地展示了何谓"取用于国，因粮于敌"。

公元231年2月，诸葛亮率领10万大军，四出祁山（今甘肃礼县东部），继续进行伐魏大业，司马懿（yì）率张郃（hé）、费曜（yào）等大将迎战，两军就此展开了对峙。

诸葛亮兵至祁山后，发现魏军早有防备，便对众将说："孙子曾说过'重地则掠'，即深入敌人的腹地，就要掠取敌人的粮草来补充自己。现如今，我们长途远征，粮草供应不上，但据我估计，陇上的麦子已经成熟，我们可以秘密派兵去抢割陇上的麦子。"计议已定，诸葛亮便留下王平、张嶷（yí）等人守卫祁山大营，自己率领姜维、魏延等将直奔上邽（guī，今甘肃天水）。

这时，司马懿率大军赶到祁山，却不见蜀军出战。司马懿心中非常疑惑，得到消息说有一支蜀军往上邽的方向去了，他立刻恍然大悟，急忙带军去救上邽。

诸葛亮火速赶到上邽，驻守上邽的魏将费曜领兵出战，姜维和魏延皆是勇将，他们将费曜打得大败。

趁此机会，诸葛亮命令手下3万精兵手执镰刀、驮绳，抢在司马懿大军到来之前，把陇上的新麦全都收割掉了，然后运到卤城（今甘肃陇南礼县东北部）打晒。

司马懿棋差一招，失去了陇上的新麦，他非常不甘心，于是和副都督郭淮引兵前往卤城，打算偷袭蜀军，趁乱夺回新麦，最好还能生擒诸葛亮。

而诸葛亮对此早有防备，他让姜维、魏延、马忠、马岱四将各带2000人马，埋伏在卤城东西的麦田之中。等到魏兵抵达卤城城下时，只听一声炮响，伏兵四起，蜀军主力趁势从城内杀出。司马懿在部将的护卫下拼死力战，好不容易才突出重围，狼狈逃回大营。

古代的战争，很大程度上是粮草的比拼。战争时间拖得越长，战线拉得越长，耗费的粮草也就越多，而运粮的成本也就越大。所以，直接从敌人那边掠取粮草，"因粮于敌"，借力打力，是降低成本的理想方式。诸葛亮就运用了孙武的谋略思想，取得了事半功倍的效果。

兵法点评

在《作战篇》中，孙子着重论述了战争给国家带来的影响。孙子所在的年代，生产力低下，维持一支庞大的军队和进行旷日持久的战争往往会给国家和人民带来难以估量的负担和损失。因此，如何认识战争给国家带来的利与害，如何最大程度地减少战争给国家经济带来的不利影响，也就成为兵家的探究方向和追求的根本。

在《作战篇》中，孙子在分析了战争的持久可能给国家带来的一系列损害之后，提出了速胜的军事思想，认为用兵宁可"拙速"，不能"巧久"。接着，他又讲到了减少战争负担的具体方法，也就是"因粮于敌"，尽量在敌人的地盘上解决自己军队的吃用问题，将敌人的战车和士兵转化成为自己的力量，以实现"以战养战"的目的。

后人将"兵闻拙速，未睹巧之久也"概括为"巧久不如拙速"的战争原则，历代兵家把它奉为准则。从战争所造成的损失和伤害来说，这无疑是正确的，尤其是普通人，与战争相伴随的鲜血与伤痛更是挥之不去的梦魇（yǎn），而战争的代价最后也会转嫁到他们头上，使其自然会不遗余力地反对统治者穷兵黩（dú）武。

不过，对于我们来说，人生中有些事情着急是没用的。一个人的成长需要岁月的磨砺，知识需要长期学习、积累和不断更新，远大目标的实现更需要坚持不懈的奋斗，这就是"心急吃不了热豆腐""一口吃不成胖子"等俗语中所蕴含的深刻道理。

　　孙子认为，战争是高消耗的活动，旷日持久的战争，对国计民生将产生严重影响，甚全会带来灾难性后果。有鉴于此，孙子提出了"兵贵胜，不贵久"，即迅速达成战争目的的速胜原则。

　　孙子从持久之害的角度论证了速胜之利，指出持续的战争会造成三个后果：

　　1."钝兵挫锐"，即部队士气下降，锐气受挫；2."国用不足"，即国库被掏空，国力被耗尽；3."诸侯乘其弊而起"，即由于前两个后果，给其他诸侯乘虚而入提供了机会，使国家陷入危机之中。到了这种地步，"虽有智者，不能善其后矣"，失败的结局恐怕就难以改变了。要避免这种状况，就必须力求速胜。

——任力

谋攻篇

　　本篇名为"谋攻"，强调的是用谋略战胜敌人，提出了"不战而屈人之兵"和"上兵伐谋"的原则，以及"必以全争于天下，故兵不钝而利可全"的战略指导思想，揭示了"知己知彼，百战不殆"的著名军事规律。

原文

孙子曰：凡用兵之法：全国为上，破国次之；全军为上，破军次之；全旅为上，破旅次之；全卒为上，破卒次之；全伍为上，破伍次之。是故百战百胜，非善之善者也；不战而屈人之兵，善之善者也。

故上兵伐谋，其次伐交，其次伐兵，其下攻城。攻城之法，为不得已。修橹轒辒，具器械，三月而后成；距闉，又三月而后已。将不胜其忿而蚁附之，杀士卒三分之一，而城不拔者，此攻之灾也。

故善用兵者，屈人之兵而非战也，拔人之城而非攻也，毁人之国而非久也，必以全争于天下，故兵不顿而利可全，此谋攻之法也。

故用兵之法，十则围之，五则攻之，倍则分之，敌则能战之，少则能逃之，不若则能避之。故小敌之坚，大敌之擒也。

夫将者，国之辅也。辅周，则国必强，辅隙，则国必弱。

故君之所以患于军者三：不知军之不可以进而谓之进，不知军之不可以退而谓之退，是谓縻军；不知三军之事，而同三军之政者，则军士惑矣；不知三军之权，而同三军之任，则军士疑矣。

三军既惑且疑，则诸侯之难至矣。是谓乱军引胜。

故知胜有五：知可以战与不可以战者胜，识众寡之用者胜，上下同欲者胜，以虞待不虞者胜，将能而君不御者胜。此五者，知胜之道也。

故曰：知彼知己者，百战不殆；不知彼而知己，一胜一负；不知彼不知己，每战必败。

第四篇 谋攻篇

孙子说：大凡用兵的指导法则，使敌国完整地降服为上策，击破它就次一等；使敌军完整地降服为上策，击破它就次一等；使敌人全旅完整地降服是上策，击破他们就次一等；使敌人全卒完整地降服为上策，击破他们就次一等；使敌人全伍完整地降服为上策，击破他们就次一等。因此，百战百胜，还不算是高明中的高明；不出战就能使敌人屈服的，才是高明中的高明。

所以，用兵的上策是用谋略来战胜敌人，其次是在外交上封锁、孤立敌人，再次是直接出兵击败敌人，下策是攻打敌人的城池。选择攻城，是迫不得已的办法。建造攻城用的大盾和四轮大车，准备攻城的器械，费时三个月的工夫才能完成；而构筑攻城用的土山，又要花费三个月才能完成。如果主将不能控制自己愤怒、焦急的情绪而驱使士兵们像蚂蚁一般爬梯攻城，士兵伤亡了三分之一，而城池未能攻克，这就是攻城所带来的灾难。

所以，善于用兵的人，使敌军屈服不是靠交战，夺取敌人的城池不是靠强攻，灭亡敌人的国家不是靠久战。一定要用全胜的谋略争胜于天下。这样，军队不会劳累疲惫，又能取得完满的胜利。这就是以谋略攻取敌人的法则。

所以，用兵的法则，拥有十倍于敌人的兵力就包围敌人；拥有五倍于敌人的兵力，就主动进攻；拥有两倍于敌人的兵力就设法分割敌人；兵力同敌人相当的，要设法战胜敌人；兵力少于敌人的，要设法摆脱敌人；各方面条件均不如敌人的，要设法避开敌人的锋芒。因此，弱小的军队如果一味固守硬拼，就会成为强大敌人的俘虏。将帅，是国君的助手。如果辅助周密得力，国家就必定强盛；如果辅助上有缺失疏漏，国家就必定衰弱。

国君可能对军队产生危害的情况有三种：不知道军队不能前进而强令军队前进，不知道军队不能后退而强令军队后退，这叫作束缚军队；不懂得军中事务而去干预军队的行政，就会使将士们产生迷惑；不懂得军事上的权谋机变而去干涉军队的指挥，就会使将士们产生疑虑。军队既迷惑又心存疑虑，那么其他诸侯乘机进攻的灾难就随之来临了，这就叫作扰乱自己的军队而导致敌人的胜利。

所以，能够预知胜利的情况有五种：知道什么情况下可以打，什么情况下不能打的，能够取得胜利；懂得根据兵力多寡而采取不同战法的，能够取得胜利；上下一心的，能够取得胜利；事先有所准备来对付事先没有准备的，能够取得胜利；将帅贤能而国君不掣肘的，能够取得胜利。这五条，就是预知胜利的方法。

所以说，既了解敌人，又了解自己的，百战百胜；不了解敌人而了解自己的，胜负参半，既不了解敌人，又不了解自己的，每战必败。

有图有兵法

◀ 上兵伐谋 ▶

巧用谋略来取得胜利是用兵之道的最高境界。

不战而胜的方法

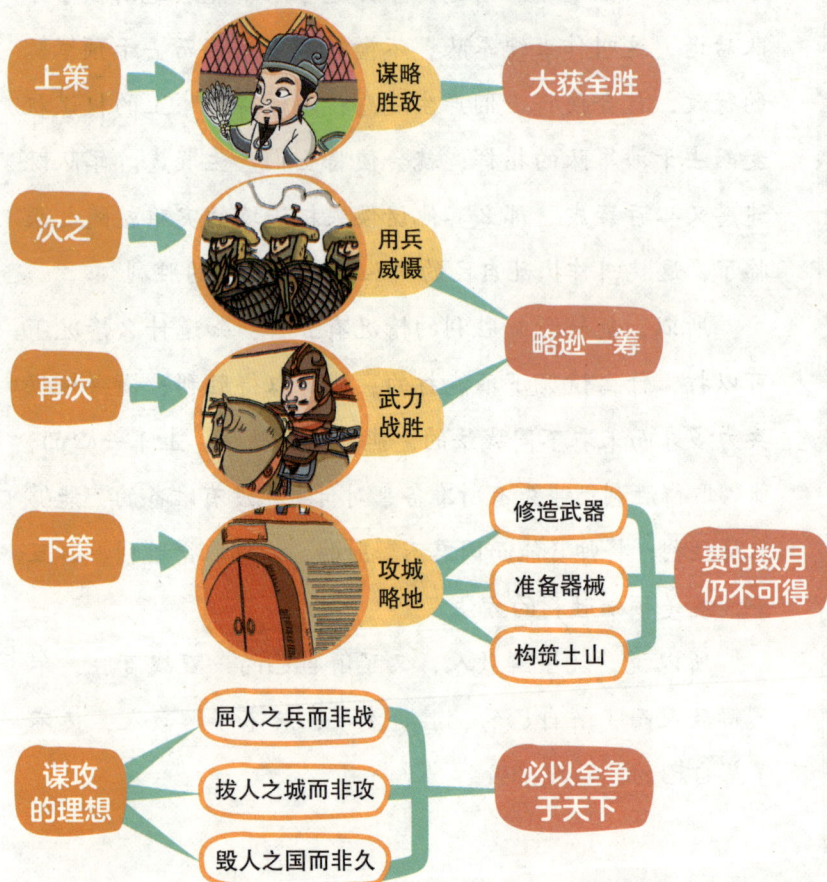

上策 → 谋略胜敌 → 大获全胜

次之 → 用兵威慑 → 略逊一筹

再次 → 武力战胜 → 略逊一筹

下策 → 攻城略地 — 修造武器 / 准备器械 / 构筑土山 → 费时数月仍不可得

谋攻的理想 — 屈人之兵而非战 / 拔人之城而非攻 / 毁人之国而非久 → 必以全争于天下

◀ 小敌之坚，大敌之擒 ▶

　　弱小的军队如果只知坚守硬抗，就可能成为强大敌人的俘虏。敌我实力悬殊时，要灵活应对、见机行事，才能成事。

用兵之法

包围
十倍于敌

进攻
五倍于敌

分割
二倍于敌

迎战
旗鼓相当

摆脱
稍逊于敌

避免
实力悬殊

第四篇 谋攻篇

李广巧布迷局

西汉时期，北方匈奴势力逐渐强大，不断兴兵进犯中原。飞将军李广任上郡（今陕西绥德）太守，奉命抵挡匈奴南进。

天子派一名宦官来上郡，跟随李广学习军事。一天，宦官带领几十名士兵外出打猎，遇到三个匈奴人，就与他们交战。没想到这三人勇猛无比，放箭射伤了宦官，几乎杀光了宦官所带的骑兵。

宦官逃到李广那里，说明了情况。李广猜测这三个匈奴人是射雕手，马上率领100名骑兵前去追击。一直追了几十里地，终于发现了他们。李广亲自射杀两人，活捉了一个，正准备回营时，忽然发现有数千名匈奴骑兵朝他们的方向赶来。

李广的士兵非常恐慌，想上马逃跑。李广却沉着地稳住了他们，说："我们现在只有100名骑兵，离军营有几十里远，如果我们现在逃跑，匈奴人肯定会来追杀我们。但如果我们按兵不动，敌人会疑心我们身后有大部队跟随，绝对不敢贸然进攻。"

果然像李广预料的那样，匈奴队伍看见李广带领的100名骑兵，以为他们是大部队诱敌的前锋，不敢贸然攻击，便摆开了阵势，观察动静。

李广向骑兵下令："前进！"骑兵向前进发，到了离匈奴阵地还有大约2里的地方，李广停了下来，又命令道："全体下马休息！"

士兵们问李广："敌人那么多，现在又离得这样近，如果有了紧急情况，怎么办？"李广说："那些敌人原以为我们会逃跑，现在我们都卸下马鞍，表示不逃，这样就能使他们更坚定地相信我们是诱敌之兵。"于是，李广的士兵卸下马鞍，悠闲地躺在草地上休息，看着战马在一旁津津有味地吃草。

匈奴部将感到十分奇怪，派了一名军官出阵观察形势。李广立即飞身上马，冲杀过去，一箭射死了这个军官。然后又回到原地，继续休息。

匈奴部将见到这种情形，更加恐慌了，他们看李广如此胸有成竹，附近一定有汉朝的伏兵。天黑以后，李广的人马仍无动静。匈奴部将害怕遭到大部队的突袭，慌慌张张地引兵逃跑了。第二天早晨，李广率领100名骑兵安全返回大营。

孙子说"上兵伐谋"，李广采取的就是用兵的上策，即借助"谋攻"不战而胜。

韩信尺书平燕地

公元前204年，韩信率军攻赵，赵军在井陉（xíng，今河北井陉东）设防，准备迎击韩信。由于赵将陈余不听谋士李左车的建议，没有发兵袭击韩信的粮草辎（zī）重，后反被韩信设计诱出，20万赵军遭到全歼。战后，韩信悬赏千金捉拿李左车。

韩信发出悬赏令后只过了几天，就有人报告说已经生擒了李左车，韩信下令把李左车押入帐中，诸将侧立两旁，旁人都以为这只是在斩李左车之前行个仪式罢了。谁知李左车进来后，韩信竟站起身来相迎，并亲自为李左车解开绳索，还叫人为李左车搬来椅子，自己则在旁边陪坐，就仿佛弟子见了老师一般，态度格外恭敬。

韩信极为客气地问李左车："在下想要向北攻燕，再向东伐齐，如何才能取得成功？"李左车皱着眉头说："我一个亡国大夫，不期待着苟活于人世，还是请将军另择高明吧！"

韩信说："在下听说百里奚在虞（yú）国的时候，不曾拯救虞国的危亡；等到了秦国，却辅佐秦穆公成就了霸业，这并不是他为虞国献出的谋略拙劣，为秦国献出的谋略巧妙，只是用与不用，听与不听的问题罢了，所以才导致先后结果不同。要是陈余听从了您的计策，现在被捆着的恐怕就是在下了。如今在下是虚心求教，请您不要推辞了。"

李左车听完这番话很受感动，他对韩信说："将军渡过西河，俘虏了魏王，擒了夏说；又东下井陉，仅仅半天的时间，就破了20万赵军，诛杀了赵王，威震天下，这是将军的长处。但经过连续作战，军队已经疲惫不堪，不能再战了。如今您要引军攻燕，燕人如果凭城固守，您会陷入欲战不得、日久粮尽的尴尬境地。燕国不能攻克，齐国又在东面称强，两国相对峙，那么刘邦和项羽谁胜谁负，就很难说了，这是继续进攻的短处。自古以来，良将用兵都是用长击短，切不可用短击长啊。"

韩信听了，连连称是，又接着问："那么现在应当用什么策略？"李左车说："我为将军谋划，不如先按兵息甲，镇抚赵民，犒赏将士，鼓舞士气。再暗中派一名能言善辩的说客，拿着您的书信去拜见燕王，向他说明利害，燕王畏惧将军的威名，不敢不从。等到燕国归降，再向东进攻齐国。齐国到时已然孤立，不亡还等什么！即使有智谋之士，也无法挽救其危亡了。这就是'不战而屈人之兵'的战法，请将军赶紧决定吧。"

韩信听了，不禁鼓掌叫好，立即派出一名说客，持书赴燕。

不出李左车所料，燕王臧荼（zāng tú）畏威乞降，马上写了降书，让使者带回来。韩信得了燕王降书，便派人报知刘邦，自己则整军备战，准备攻齐。

孙子强调打仗时应以谋胜敌，提出了"上兵伐谋"和"不战而屈人之兵"的原则。韩信尺书平燕地的故事，集中体现出这些军事原则。

兵 法 点 评

在《谋攻篇》当中，孙子提出了"上兵伐谋，其次伐交，其次伐兵，其下攻城"的战略思想，在整部《孙子兵法》中，到处都渗透着孙子对于"全胜"的追求。

将战争的成本降至最低，而将战争的收益扩至最大，这可以作为"全胜"的另外一种诠释。实际上，无论是"伐谋""伐交""伐兵"，还是"攻城"，都是"谋攻"的具体表现形式，是谋略的作品。战之万变，皆在谋中，而善用谋者，总能以最小的损失换得最大的胜利，最终达到"以全争于天下"的目的。

在军事领域中，"伐谋"关系着将士的生死、国家的存亡；在经济领域中，"伐谋"关系着企业的兴衰；在个人事业中，"伐谋"关系着事业的成败乃至人生价值的高低。要想建立事业、实现个人价值，务必要善于伐谋、精于伐谋，只有如此方能达到"不战而屈人之兵"的效果。

在《谋攻篇》的最后，孙子提出了一条战争中最为真实朴素的规律，即"知己知彼，百战不殆"。所谓"知己知彼"，就是把敌我双方的各方面条件加以估计比较，以探求战争胜败的形势。具体的分析方法便是《计篇》当中的"五事"和"七计"，这实际上是战争前不可逾越的一步，战争双方哪一方能够更加深入地去"知己"和"知彼"，哪一方的胜算也就更大。

而现在，这个原则早就超越了军事范畴，成为指导人们进行实践活动的基本规律。比如在我们日常交际时，它能指导我们更全面地认识彼此，以免错失良友，避免结交到不良朋友。

"知彼"固然不易，真正"知己"却更难，知己知彼自然难上加难，需要的是智慧、决心和勇气，还有最重要的是实践。

　　"谋"在《孙子兵法》中主要是指"计"。这个"计"字，现在人们往往已不了解其本义。实际上它的本义是指计算，即出兵前在庙堂上使用一种叫算或筹、策的古老计算工具进行计算。

——李零

形篇

本篇主要论述攻守时的形势，提出"先为不可胜，以待敌之可胜"，即首先要确保自己立于不败之地，然后寻求敌人的可乘之机，从而达到"自保而全胜"的目的。

原文

　　孙子曰：昔之善战者，先为不可胜，以待敌之可胜。不可胜在己，可胜在敌。故善战者，能为不可胜，不能使敌之必可胜。故曰：胜可知，而不可为。

　　不可胜者，守也；可胜者，攻也。守则不足，攻则有余。善守者，藏于九地之下，善攻者，动于九天之上，故能自保而全胜也。

　　见胜不过众人之所知，非善之善者也；战胜而天下曰善，非善之善者也。故举秋毫不为多力，见日月不为明目，闻雷霆不为聪耳。古之所谓善战者，胜于易胜者也。故善战者之胜也，无智名，无勇功，故其战胜不忒。不忒者，其所措必胜，胜已败者也。故善战者，立于不败之地，而不失敌之败也。是故胜兵先胜而后求战，败兵先战而后求胜。善用兵者，修道而保法，故能为胜败之政。

　　兵法：一曰度，二曰量，三曰数，四曰称，五曰胜。地生度，度生量，量生数，数生称，称生胜。故胜兵若以镒（yì）称铢（zhū），败兵若以铢称镒。

　　胜者之战民也，若决积水于千仞之溪者，形也。

孙子说：从前善于用兵的人，先创造条件使自己不被敌人战胜，然后等待可以战胜敌人的时机。不被敌人战胜的主动权掌握在自己手里，能否战胜敌人则取决于敌人是否留下可乘之隙。所以，擅长作战的人，能（创造条件）使自己不被战胜，而不能保证敌人一定被我所战胜。所以说：胜利可以预见而不可强求。

不能战胜敌人的时候，就要加强防守；能战胜敌人的时候，就应该发起进攻。防守是因为取胜条件不足，进攻是因为取胜条件有余。善于防守的人，就像深藏于地下（而使敌人无从下手）；善于进攻的人，就像从九天之上发动攻击（而使敌人无从逃避）。如此，就能自我保全，从而大获全胜。

对胜利的预见不超过一般人的见识，不算高明中的高明；因为战胜而被天下人说好，不算高明中的高明。这就像能举起秋毫的不算力大，能看见日月的不算眼明，能听到雷霆之声的不算耳聪一样。古时候所说的善战之人，都是战胜那些容易战胜的敌人。所以那些善战之人即使胜利了，也不会留下智慧的名声，不会表现为勇武的战功，他们取得胜利是毫无疑问的。之所以毫无疑问，是因为他们所采取的作战方略和部署是合理的，战胜的是已经处于失败地位的敌人。所以善战之人，总是确保自己立于不败之地，而又不放过任何击败敌人的机会。因此，胜利的军队总是先从各方面寻求战胜敌人的条件，然后与之交战；失败的军队总是先与敌人交战，然后才希求侥幸获胜。善于用兵的人，能够从各方面修治"先胜"之道，确保"自保而全胜"的法度，因而能掌握战争胜负的决定权。

兵法上用五条法则来估计胜利的可能性：一是"度"，二是"量"，三是"数"，四是"称"，五是"胜"。根据战场地形的实际情况，做出利用地形的判断；根据对战场地形的判断，计算出战场容量的大小；根据战场容量的大小，计算出双方兵力的多寡；根据双方兵力的多寡，判断出双方军事实力的强弱；根据双方军事实力的强弱，判断出作战的胜负。所以，胜利的军队（对失败的军队），就好像以镒称铢（那样居于绝对优势的地位）；失败的军队（对胜利的军队），就好像以铢称镒（那样居于绝对劣势的地位）。

胜利者在指挥军队作战时，就像决开了千仞之上的溪水（那样势不可挡），这就是所谓的"形"。

◄ 先为不可胜 ►

善于用兵的人，先创造条件使自己不会被敌人战胜，然后等待可以战胜敌人的时机。

如何做到不可战胜

加强自身防务建设，形成牢固的防守形势

战术上完善准备，使军队进可攻，退可守

使自己立于不败地

审时度势，对敌我双方实力进行综合对比

整顿军纪，鼓舞士气，并对制度进行修整，使敌军没有可乘之机

第五篇 形篇

◖ 自保而全胜 ◗

确立优势地位，创造有利条件，先确保军队立于不败之地，再寻求敌人的可乘之机。

预测胜利的五条法则

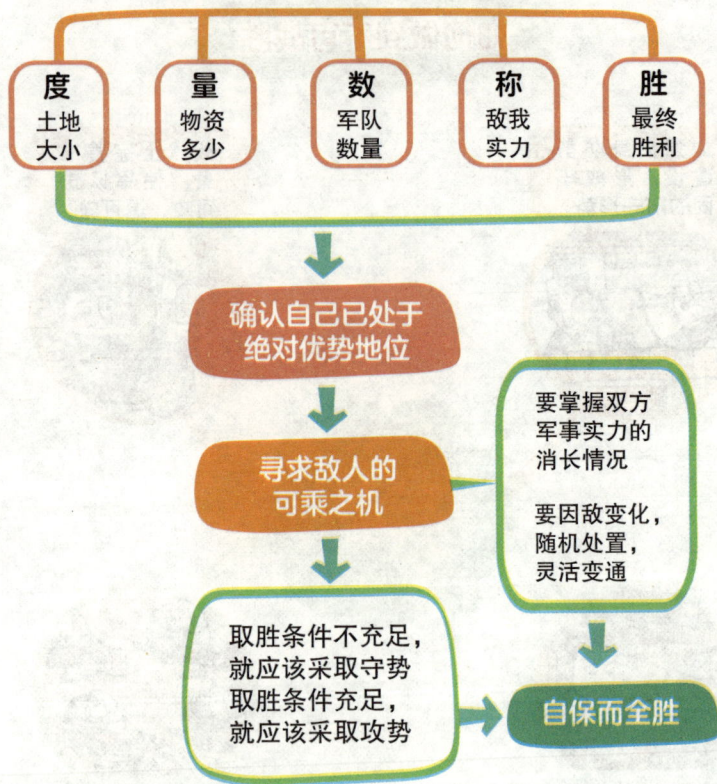

度	**量**	**数**	**称**	**胜**
土地大小	物资多少	军队数量	敌我实力	最终胜利

↓

确认自己已处于绝对优势地位

↓

寻求敌人的可乘之机

要掌握双方军事实力的消长情况

要因敌变化，随机处置，灵活变通

↓

取胜条件不充足，就应该采取守势
取胜条件充足，就应该采取攻势

→ **自保而全胜**

李牧破匈奴

　　善于用兵的人，会先创造不被敌人战胜的条件，然后等待战胜敌人的时机。李牧养精蓄锐破匈奴的故事，就充分说明了这一点。

　　战国时，北方少数民族匈奴的力量非常强大，屡次派骑兵南下侵扰赵国边境，掠夺财物。赵国不堪其扰。匈奴兵强马壮，勇猛无比，赵军只能疲于奔命，却无计可施。为抵御匈奴，赵孝成王任命李牧为边将，率兵驻扎在雁门关一带。

　　李牧上任后，却并不急于与匈奴交战，而是按照自己的方式来设立官吏。他把收上来的赋税全部入库，作为军费开支，每天宰杀牛羊，犒劳士兵；平日则加紧督促士兵操练骑射，精习武艺。他还命令士兵提高警惕，加强边境巡逻，完善烽火等报警设施，并派出许多间谍打探匈奴人的动向。李牧不准士兵出去和匈奴交战，命令全军："如果匈奴来侵扰我们，立即收拾财产，驱赶牛羊入城，严防死守。胆敢出战者，斩！"

匈奴每次来犯，军民便马上退入城中，不与匈奴交战，这样的情况一直维持了好几年，国家没有受到任何损失。可是匈奴那边却认为李牧畏惧与他们交战，即使是守卫边境的赵国士兵也认为自己的将领很怯懦。

赵王将这些情况告诉了李牧，暗示他改变方略。李牧却不做改变，处理匈奴侵扰的态度依然像之前一样。赵王十分生气，于是将李牧召了回去，撤了他的职，改派他人指挥边防军民。此后一年多的时间里，匈奴每次来侵扰，新上任的将领就出城迎击，却多次战败，死伤了不少人马，财物损失也极其严重，靠近边境的地方甚至不能正常耕田放牧。

不得已之下，赵王又想起了李牧，打算派他重新镇守边疆。李牧则坚持称病不出，赵王没办法，只好强请李牧出山。李牧趁机对赵王说："大王要是真想用我，我还是坚持原来的策略不变，只有您允许了，我才会领命。"于是赵王同意了李牧的请求。

李牧复职之后，重申了以前与将士们的约定，还是采取敌人侵扰便退守的策略。就这样，匈奴不能和赵军交战，连续几年都没有重大战果，又掠夺不到任何东西，他们都一致认为李牧是个胆怯的将领。

李牧经常奖赏将士，赏赐多了，将士们无功受禄，心中不安，宁愿不要赏赐犒劳，只想和匈奴痛痛快快地打上一仗。眼见赵军上下士气高涨，李牧认为与匈奴大战一场的时机已经成熟，于是

第五篇 形篇

调集精锐部队准备作战。他精选了战车1300辆，战马13000匹，全身披甲、手持利刃的武士5万人，弓弩手10万人，每天率军操练，准备迎接即将到来的大战。

大战之前，李牧下令大开城门，将牛羊都驱赶到田野里。一时之间，牲畜、边民布满山野。匈奴人闻讯后，立即前来抢掠。李牧先是佯（yáng）装不敌，节节败退，并且故意丢下数千人。匈奴单（chán）于见赵军不过如此，于是率领大军进入边境抢掠。

而李牧早已暗中布下奇阵，静候匈奴主力的到来。他命中军诱敌，以战车和弓弩手从正面迎击，实行防御作战，同时以骑兵和精锐步兵为预备队。匈奴骑兵受战车限制，早先来去如风的机动优势难以发挥，又受到弓弩手的射杀，损失惨重。李牧乘机指挥预备队从两翼包抄夹击匈奴大军。经过激烈的交战，匈奴大部被歼灭，李牧大军斩杀敌人10万余人。李牧乘胜北进，迫使邻近的东胡、林胡等边疆少数民族政权臣服于赵国。此后的十余年时间里，匈奴都不敢再犯赵国边境。

从李牧对阵匈奴的策略中，我们不难看出，李牧命令军队坚守要塞，只求护民保物而不求与敌交战，在养精蓄锐数年之后才与敌人对决，这正与孙子的"先为不可胜，以待敌之可胜"的战略思想相合。

王翦灭楚

公元前225年，秦王嬴政先后灭掉韩、赵、魏后，把目光投向了楚国。嬴政询问青年将领李信灭掉楚国需要多少人马。李信说，20万人马足矣。秦王又去问老将王翦（jiǎn）同样的问题。王翦回答说，至少需要60万人马。嬴政听后，认为王翦年纪大了，不复当年之勇，心中非常失望，于是决定起用看上去更骁勇的李信为将军，蒙恬（tián）为副将，率20万人马进攻楚国。王翦默不作声地退下，然后告老还乡。

李信初战告捷，心中更是轻敌，而后纵深挺进，深入楚国腹地。楚王派项燕为大将，领兵20万，水陆并进。两军会战于西陵（今湖北宜昌地区）。秦军遭遇埋伏，腹背受敌，大败而逃。项燕则乘胜追击，杀秦军都尉7人、士兵无数，直至平舆（今河南驻马店东部），收复了全部的失地，李信伐楚最终以惨败告终。

消息传回秦国后，嬴政一怒之下削除了李信的官职，然后亲自登门请王翦出山。王翦无法推托，只好答应出兵，但他仍坚持

第五篇 形篇

原来的说法，非60万人马不足以战胜楚军。

秦王不明白，王翦解释说："列国互相争斗，都是以强凌弱，以多侵少。每次交战，杀人动辄（zhé）数万，围城动辄数年，有些国家更是全民服兵役，军队人数剧增。而楚国是大国，地域广阔，人口众多，资源丰富，只要楚王一声令下，很快就能动员百万之众参战。我们要想征服楚国，60万人马恐怕还嫌少呢。"嬴政听完，终于明白了其中的缘由，他马上任王翦为大将，命其率60万大军征讨楚国。

王翦率军来到楚国边境后，楚军闻讯立即进兵。两军在边境上对垒，战事一触即发。然而出人意料的是，王翦命令军队驻扎于天中山（今河南汝南境内）下，连营十里，不许出战，只能坚壁固守。项燕每天派人到阵前挑战，王翦任凭对方如何挑衅，都高挂免战牌置之不理，军士一概不许应战。就这样日复一日，项燕也认为王翦年事已高，胆小无用，惧怕楚军，于是他渐渐重蹈李信骄傲轻敌的覆辙，而且这种情绪在整个军营中逐渐弥漫开来。

与对外表现出的安静截然相反，秦军军营内部完全是另外一番景象：王翦命人每天杀猪宰羊，改善士兵饮食，而且将军与士兵同吃同住，上下同心，亲如一家。王翦一面禁止部下出战，一面却教导士兵进行投石和跳跃的训练。楚军听说秦军每日在营地大吃大喝，对秦军更加蔑视，认为他们不思进取，贪图享乐。实际上，王翦正是用这种方式来帮助士兵增强体质，提高战斗技能，同时麻痹了敌人。

此外，王翦还命令秦军不许越过楚国边界去砍柴，抓获楚国边境百姓要用酒肉热情款待，然后释放回家。没过多久，"秦军怯战"和"秦军友好"的信息，在楚国边境一传十，十传百，楚国百姓对秦军的态度从一开始的对抗和恐惧，逐渐转为亲近和安定。

就这样相持了一年多，项燕求一战而不可得，于是戒备松懈（xiè），士兵慵懒，疏于防备和操练，对战争毫无警觉。而秦军休整操练一年有余，精力旺盛，士气高昂。王翦认为伐楚的时机已经到来，此时出击必胜无疑。

于是，在某一天，王翦突然下令向楚军发起全面进攻。他选出2万精兵作为先锋，又分兵数路同时向楚军发起猛攻，并命令部队打败敌人后各自为战，向楚国纵深进攻。秦军势如破竹，所向披靡（mǐ）。楚军毫无防备，仓皇应战，一触即溃，士兵纷纷逃散，曾经强大的楚军竟不堪一击。王翦乘胜追击，在短短几个月内就先后攻占了淮北、淮南、江南等地，一举攻破楚都寿春（今安徽寿县西南），最后俘虏了楚王负刍（chú）。

当时有句俗语道："横则秦帝，纵则楚王。"可见楚国实力之强盛与秦国不相上下，然而从公元前225年到公元前223年，秦国仅用了3年时间，就灭掉了楚国，这正是善用兵法的结果。

秦国大将王翦用坚守之策，一方面韬（tāo）光养晦，厉兵秣（mò）马；一方面示敌以弱，让对手麻痹大意，掉以轻心，最后一举灭掉了楚国这个强大的对手。这一战例也充分体现了孙子"先为不可胜，以待敌之可胜"的战略思想。

　　《形篇》实际上是孙子"全胜"思想的一种延伸。在这里，孙子指出，胜利者与失败者在战争之前所处的形势就已经不同了。在战争中能够取得胜利的一方，往往在军事实力、外部环境、战前筹划等各方面都比对手高出一截，所以在开战之前就已经处于胜利的地位。

　　在历史上，以少胜多、以弱胜强的例子虽然屡见不鲜，但《孙子兵法》讨论的是战争中的普遍规律，即实力决定着战争的主动权。实力的强大就像"决积水于千仞之溪者"，一旦倾泻下来，便势不可当。

　　然而，对于战争的胜负是否就完全由实力决定，孙子的态度还是十分谨慎的，他没有打包票，只是告诉我们："不可胜在己，可胜在敌。"是不是能够打败敌人，这是由诸多因素决定的，但我们至少先要保证使自己立于不败之地。

　　战胜对手、获得荣誉当然令人神往，但其间的难度正如孙子所言："胜可知而不可为。"做一件事到底能不能成功，自己本身可以决定一部分，剩下的则要取决于其他因素。比如你可以通过刻苦学习，巩固并提高知识水平，但是当你走进考场之后，同学的水平也是会变化的，而考试过程本身也会出现不确定因素，所以是否能取得理想的成绩是没有绝对把握的。

客观地讲，没有人能绝对"立于不败之地"，因为你会这样想，对手也会这样想，甚至比你做得更好。但我们不必悲观绝望，凡事先打好基础，充分利用一切条件，尽最大努力，这样，成功的概率就变大了；即便是失败了，也问心无愧。

名家论《孙子兵法》

作为一个将领，不仅要弄清楚什么情况下应该进攻，什么情况下应该防守，而且还应当明白怎样进攻、怎样防守、攻守有什么技巧。孙子一语道出其中的奥秘："善守者，藏于九地之下；善攻者，动于九天之上，故能自保而全胜也。"这句话强调了一个"善"字，要善守、善攻。善守者，往往深藏不露，犹如藏身于深深的地下，无影无踪，令进攻者无从下手。善攻者，往往先发制人，犹如于九霄云外闪电式突击，令防守者猝不及防。在中国传统文化中"九"并不是实数，往往表达极点、顶点、多数之意。"九地""九天"，并非一定是九层地下，或九重天上，而是强调极深、极高之处。

这是孙子常用的一种表达方式，即通过极度夸张、形象比喻的方法表达某些重要的思想观点。"不战而屈人之兵，善之善者也"中的"不战"两字也采用了这种表达方式，孙子并不是说完全不战，而是强调尽可能把迫不得已的战争控制在最小范围、杀伤破坏降到最低程度。

——薛国安

孩子读得懂的

孙子兵法

中

徐青林 ◎ 编著

北京工艺美术出版社

前言

preface

　　《孙子兵法》由春秋时期军事家孙武所著，被誉为"兵学圣典"和"古代第一兵书"。这部流传千古的兵书，不仅仅是中国传统兵学的奠基之作，也是一部指导人们学习、生活、工作、处世的谋略宝典。

　　为了给孩子们带来最原汁原味的经典，本书收录了《孙子兵法》的全文，并用少年儿童读得懂的语言，逐字逐句对原文进行解析。全书精选了数十个历史故事，对原著内容进行充分解读，并配以近百幅卡通手绘漫画，让孩子们在趣味阅读中积累知识。

　　本书以思维导图的形式，提炼每一篇的兵法要点，帮助孩子们透彻理解《孙子兵法》的精髓，提高他们的逻辑思维能力。另外，在每篇的最后，还附以兵法点评，将孙子的思想与现实生活相结合，启发孩子们面对复杂的生存环境，学会如何观察、如何判断、如何行动。

　　希望每一个孩子都能在本书的陪伴下，获得非凡的分析力、判断力以及解决问题的能力，成长为有胆识、有智慧、见识广、格局大的栋梁之材。

出场人物

符坚

东晋十六国时期前秦国君，曾以军事力量消灭北方诸国，降服化外蛮夷，攻占东晋的川蜀、襄阳等地，形成南北对峙的局面。淝水之战中，因一意孤行，最终战败。

耿弇

东汉开国元勋、军事家，"云台二十八将"第四位。他协助刘秀建立东汉，平定四十六郡，攻取城池三百余座，为东汉的统一立下赫赫战功。

李世民

唐太宗李世民，在唐朝的建立与统一过程中创下不朽的功绩。虎牢之战，他采用围城打援、避锐击惰、奇兵突袭、一举两克的策略，取得了重大胜利。

司马懿

三国时期军事谋略家，西晋王朝的奠基人之一。他善谋奇策，多次征伐有功，曾率军擒斩孟达，两次率大军成功抵御诸葛亮北伐，远征平定辽东。

曹操

东汉末年杰出的政治家、军事家、文学家，消灭了北方众多割据势力，统一了中国北方大部分区域，并实行一系列政策恢复社会经济和秩序，奠定了曹魏立国的基础。

项羽

楚国名将项燕之孙，堪称中国历史上最勇猛的武将之一。古人对他有"羽之神勇，千古无二"的美誉。在楚汉争霸中，他兵败垓下，率残兵突围至乌江边，后自刎而死。

周亚夫

名将绛侯周勃的次子，军事才华卓越，善于治军领兵。在吴楚七国之乱中，他统率汉军，三个月平定了叛军，拯救了汉室江山。

陆抗

三国时期吴国名将，陆逊次子。西陵之战，他击退晋将羊祜进攻，攻杀叛将步阐，这场经典的战役被后世传为佳话。他死后不久，吴国被西晋所灭。

郭威

五代时期后周开国君主。他智勇双全、生性节俭、爱国为民，在位期间，使北方地区的经济、政治形势渐渐趋向好转。

王坚

南宋末年将领。在坚守钓鱼城之战中，他利用钓鱼台的有利地形，巧妙作战，用一座小小的城池，成功地挡住了蒙古铁骑。

目录
contents

势篇

　　本篇主要论述在军事实力的基础上，如何发挥将帅的指挥才能，强调"奇"与"正"相结合，使战术生生不息、变化无穷。此外，还要善于选择人才，从而形成有利态势并善加利用，出奇制胜地打击敌人。

原文

孙子曰：凡治众如治寡，分数是也；斗众如斗寡，形名是也；三军之众，可使必受敌而无败者，奇正是也；兵之所加，如以碫投卵者，虚实是也。

凡战者，以正合，以奇胜。故善出奇者，无穷如天地，不竭如江河。终而复始，日月是也；死而更生，四时是也。声不过五，五声之变，不可胜听也。色不过五，五色之变，不可胜观也。味不过五，五味之变，不可胜尝也。战势不过奇正，奇正之变，不可胜穷也。奇正相生，如循环之无端，孰能穷之哉？

激水之疾，至于漂石者，势也；鸷鸟之疾，至于毁折者，节也。是故善战者，其势险，其节短。势如扩弩，节如发机。纷纷纭纭，斗乱而不可乱也；混混沌沌，形圆而不可败也。乱生于治，怯生于勇，弱生于强。治乱，数也；勇怯，势也；强弱，形也。

故善动敌者，形之，敌必从之；予之，敌必取之。以利动之，以卒待之。故善战者，求之于势，不责于人，故能择人而任势。任势者，其战人也，如转木石。木石之性，安则静，危则动，方则止，圆则行。故善战人之势，如转圆石于千仞之山者，势也。

孙子说：要想做到管理人数众多的军队像管理人数少的军队一样，靠的是好的组织编制；要想做到指挥人数众多的军队作战如同指挥人数少的军队作战一样，靠的是指挥号令的有力贯彻；要想使三军将士即使受到敌人的攻击也不会溃败，要靠"奇、正"运用得当；要想使军队进攻敌人如同以石击卵一般，靠的是"以实击虚"的战略战术运用得当。

大凡作战，都是以正兵当敌，以奇兵取胜。所以，善于出奇制胜的人，其战法变化就如天地那样无穷无尽，如江河一样永不枯竭。终而复始，就像日月此起彼落；死而复生，就像四季交替更迭。声音不过是宫、商、角、徵、羽，然而这五个音阶的组合变化，却产生了听不胜听的音调。颜色的正色不过是青、赤、黄、白、黑，然而这五种颜色的配合变化，却产生了看不胜看的色彩；味道不过是酸、甜、苦、辣、咸，然而这五种味道的调配变化，却产生了尝不胜尝的味道。战势，不过奇、正两种，然而这奇与正的变化，却无穷无尽。奇、正的变化，就像顺着圆环行走，没有起点和终点，谁能穷尽它呢？

湍急的流水以飞快的速度奔泻，以致能令石块漂移，这是由于它强大的水势；猛禽从空中突然疾速俯冲下来，能使目标毁折，这是由于它节奏的迅猛。因此，善于指挥作战的人，他所造成的态势是险峻的，他的行动节奏是短促的。这种态势，就像满弓待发的弩；这种节奏，就像扣发弩机。旌旗纷乱，人马混杂，在混乱的情形下作战，要能使自己的军队整齐不乱；在战局模糊不清、势态混沌不明的情况下作战，要部署周密而能应付四面八方的情况，保持态势让自己立于不败之地。在一定条件下，严整可以转化为混乱，勇敢可以转化为怯懦，强大可以转化为弱小。军队的严整与混乱，是由组织编制是否有序决定的；勇敢与怯懦，是由军队所处的态势决定的；军力强大与弱小，是各自军队日常训练所造就的内在实力的体现。

所以，善于调动敌人的人，制造假象来迷惑敌人，敌人一定会被他调动；给敌人一些小利，敌人一定会前来夺取。用利益来引诱调动敌人，再埋伏士兵伺机打击他们。所以，善于指挥作战的人，所寻求的是可以利用的"势"，而不会苛求部属，因而能选到合适的人去利用有利的形势。能够利用有利形势的人，他指挥将士作战，就像转动木头和石头那样。木头和石头的本性，放在平坦的地方就静止，放在高峻陡峭的地方就滚动；方形的木石静止不动，圆形的木石就容易滚动。所以善于指挥作战的人所造成的有利态势，就如同把圆石从千仞的高山上推下来（那样不可阻挡），这就是所谓的"势"。

有图有兵法

◀ 治众如治寡 ▶

只要编制合理，号令得当，治理再大规模的军队也如同治理一个小规模军队一样简单。

统领大军"如烹小菜"的方法

组织编制

国	军	旅	卒	伍
国家、邦国	最高编制单位12500人	战车编组单位500人	基层组织单位100人	最基层组织单位5人

信息通信

金（锣）鼓（战鼓）　　旌旗号角　　烽火狼烟　　快马驿站

作战指挥

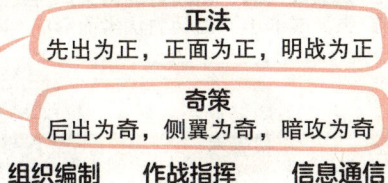

正法
先出为正，正面为正，明战为正

奇策
后出为奇，侧翼为奇，暗攻为奇

正兵当敌
奇兵取胜
奇正相生
无穷无尽

组织编制　　作战指挥　　信息通信

三者兼具，则无往不利

◀ 斗乱而不可乱 ▶

即使再混乱的局面，都不能使己方变得混乱，要冷静沉着，以合适的谋略方式应对。

要善于应对你的敌人

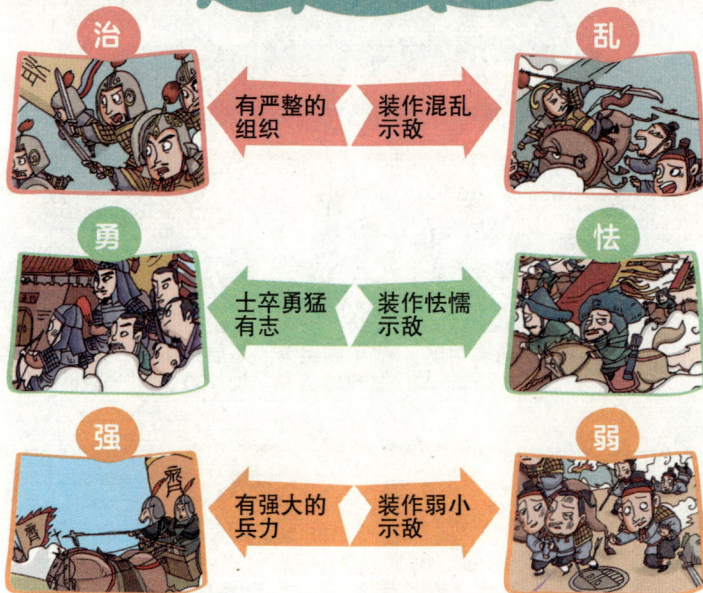

治 ← 有严整的组织 ← 装作混乱示敌 → 乱

勇 ← 士卒勇猛有志 ← 装作怯懦示敌 → 怯

强 ← 有强大的兵力 ← 装作弱小示敌 → 弱

1. 严整或混乱，由编制的好坏决定
2. 勇敢或怯懦，由战势的得失产生
3. 强大或弱小，由兵力优劣而形成

1. 用假象迷惑敌人，敌人一定会上当
2. 用利益引诱敌人，敌人一定会被诱惑

用好处牵动敌人 → 用伏兵伺机掩击敌人

善于牵制敌人

耿弇（yǎn）诱敌

东汉初年，全国各地分布着大大小小的农民起义队伍，还有很多打着各色旗号的地主割据武装。刚刚称帝的光武帝刘秀，仅占有司隶校尉部(今河南洛阳东北部)和冀、幽、豫、并等州 (今河北柏乡北部、北京、安徽亳州、山西太原西南部)，其余地方都被各地豪强所占据。

建武五年（公元29年）十月，光武帝任命耿弇为建威大将军，命他率军东进，征讨割据势力张步。张步得知这个消息，急忙派大将军费邑（yì）率兵据守历下城（今山东济南历下区）。与此同时，张步又分兵驻守祝阿（ē，今山东德州禹城市），还在泰山、钟城等地列阵布兵，企图阻截汉军东进。

耿弇率军渡过黄河后，首先去攻打祝阿。他从早上开始攻城，还没到中午就将城攻了下来。耿弇还将包围圈打开一个口子，故意放城中的守军逃往钟城，散布祝阿已经被攻陷的消息。驻扎在钟城的军队听说后，都非常害怕，最后竟然弃城而走，四散奔逃。

第六篇 虚篇

　　此时，坐镇历下城的费邑一
边凭城固守，一边派自己的弟弟费敢率兵前往巨里（今山东济南
章丘区）驻守。

　　耿弇认真地分析了当时的形势，然后决定进军巨里。他到达
巨里后，命令士兵砍伐树木，并扬言要放火烧城。过了几天，有
叛逃过来的人报告说：费邑听说耿弇要攻打巨里，想要前来救援。
根据这个情报，耿弇立即命令军队准备攻城器具，并且通告各部，
三天后攻城，还暗地里释放了捉来的俘虏，并且故意让俘虏得知
攻城的日期。这些俘虏回到费邑那里后，立即将耿弇攻城的计划
告诉了费邑。

　　三天之后，费邑果然带了三万精兵前来救援。耿弇高兴地对

众将说："我之所以要准
备攻城器具，就是想引诱费邑来到
这里，如今他带兵来到，正是我所希望的。"他
留下三千人马驻守巨里大营，自己带领精兵占据了附近的高地。

费邑的队伍一到，立即遭到了耿弇的伏击。耿弇的士兵从高
地上俯冲下来，有如洪水一般，费邑的部队根本招架不住，很快
就全军覆没了，费邑本人也被斩杀。耿弇命人将费邑的首级展示

给巨里城中的守军看，守军万分惊恐。费敢知道自己难以守住巨里，便带领军队逃回了张步那里。

耿弇与费氏兄弟的较量，是对"奇、正"巧妙运用的最佳说明。耿弇准备攻城器具，这是攻城之前必须要做的工作，是极为常规的攻城之法，这就是"正"；而攻城是假，骗费邑前来救援才是真。将兵马屯在高地之上，只等费邑一到，便冲下来攻击，这就是"奇"。正与奇说来简单：一个是常规的，是一般的方法和原则；一个是不常规的，讲求的是以奇兵制胜。然而奇正的搭配，却形成了千万种战法，衍生出千万条计谋。

淝水之战

东晋时期，占据北方的前秦在贤臣王猛的辅佐下迅速强盛起来。秦王苻（fú）坚踌躇满志，一心想吞并偏安江南的东晋王朝。王猛去世前，再三告诫苻坚不要发兵攻打东晋。但没过多久，苻坚就把王猛的苦心叮咛抛在了脑后，想要以"疾风扫秋叶"之势一举荡平江南，完成大统。

公元383年8月，苻坚不顾群臣反对，亲自率领步兵六十万、骑兵二十万、御林军三万从长安（今陕西西安）南下；又命梓潼（今四川绵阳梓潼）太守裴元略率领水师七万，从巴蜀顺流东下，向建康（今江苏南京）进军。

在这生死存亡的危急关头，东晋王朝中以丞相谢安为首的主战派决意奋起抵御。晋帝任命谢安的弟弟谢石为征讨大都督，谢安的侄子谢玄为先锋，率领八万"北府兵"迎击前秦军主力。北府兵是从北方的流亡移民中选拔精壮者，经过严格训练而建立起来的一支军队，他们的战斗力非常强；晋帝又派胡彬率领五千水师，火速增援战略要地寿阳（今安徽淮南寿县）；同时任命桓冲为江州刺史，率领十万晋军于长江中游地区阻截顺江东下的前秦巴蜀军。

10月18日，苻坚的弟弟苻融率前锋部队攻占了寿阳，并俘虏了守将徐元喜。苻坚一到寿阳，就派原东晋降将朱序前往晋军大营劝降。然而，令苻坚万万想不到的是，朱序到晋营之后，不仅没有劝降，反而向谢石提供了前秦军的情况，并献策说："前秦军有百万之众，如果兵力集中起来，晋军将难以抵挡。但前秦军还在进军之中，应该趁他们没有全部抵达的时候，迅速发动进攻。只要能击败前锋部队，挫其锐气，就能击破前秦百万大军。"谢石认为朱序的分析很有道理，便改变了之前制定的坚守不战、待敌疲惫再伺机反攻的作战方针，决定转守为攻，主动出击。

11月，谢玄派刘牢之率领五千精兵奔袭洛涧，揭开了淝水之战的序幕。前秦将梁成率部五万在洛涧边上列阵迎敌。刘牢之又分兵一部绕到了前秦军阵后，切断了他们的归路，自己则亲率士兵强渡洛水，与前秦军正面交锋。前秦军抵挡不住，纷纷败退，死伤达一万五千余人，主将梁成战死，余下的官兵争先恐后地渡过淮河逃命去了。

洛涧大捷令晋军士气空前高涨。谢石乘势水陆并进，抵达淝水（今淝河，在安徽寿县南）东岸，在八公山边扎下大营，与

第六篇 秋篇

寿阳的秦军隔岸对峙。苻坚在寿阳城上，看到晋军军容严整，列阵整齐，心中有些惊慌，误把淝水东面八公山上的草木也当成是晋兵了。他对弟弟苻融说："这是劲敌！怎能说他们是弱敌呢？"于是命令部队坚守淝水河岸，等待后续援军的到达。

谢石看到敌众我寡，知道只能采取速战速决的策略；但前秦军紧逼淝水西岸布阵，晋军没法渡河交战，此时他心生一计，便派使者去见苻融说："将军率军深入晋地，却紧逼河岸布阵，难道是想长久相持，而不打算速战速决吗？不如你把阵地稍向后移，空出一块地方，让我军渡过淝水，我们再一决胜负，怎么样？"

前秦军诸将都表示反对，但苻坚想将计就计：让军队暂时向后退，假意放晋军过河，等他们渡到一半时，突然派出骑兵攻击，那时晋军进退两难，又无法组织起有效的抵抗，必败无疑。这也是兵法上常用的一招。

苻融对苻坚的计划表示赞同，于是答应了谢石的要求，指挥前秦军后撤。但前秦兵人数众多，加上其中多是被强行征至前线卖命的，本来士气就很低落，结果一后撤，就彻底失去控制，阵势大乱。谢玄率领八千多骑兵，趁势抢渡淝水，向前秦军发起猛烈进攻，这正是"善战者，其势险，其节短。势如彍弩，节如发机"。

与此同时，身处前秦军阵后的朱序大声喊道："前秦兵败了！前秦兵败了！"周围的前秦兵信以为真，纷纷转身逃跑。后军的动摇就像滚雪球一样蔓延到了前军。苻融眼见大事不妙，急忙骑马前去阻止，企图稳住阵脚，不料战马被乱兵冲倒，还没从地上爬起来，就被后面晋军的追兵杀死。

失去主将的前秦兵越来越混乱，没多久便彻底崩溃。前锋的溃败自然引起后部的惊恐，前秦军后方主力也随之溃逃，最后全军向北败退。前秦军溃兵就像惊弓之鸟，一路只顾逃命，不敢稍作停留。他们听到的风声和鹤鸣声，都以为是晋军追兵的呼喊声，吓得心胆俱裂。晋军乘胜追击，一直追到寿阳附近的青冈。前秦兵慌不择路，人马自相践踏，死尸遍野，苻坚本人也中箭负伤，最初的近百万人马逃回洛阳时仅剩十余万。

淝水之战，前秦军被歼和逃散的共七十多万人，苻坚统一南北的希望彻底破灭。不仅如此，鲜卑族慕容垂部率领完整无损的三万人马趁机自立，羌族的姚苌（cháng）和其他各族也重新崛起，北方暂时统一的局面宣告结束，再次分裂成多个地方民族政权。苻坚本人则在两年后被姚苌所杀，前秦也随之灭亡。

淝水之战是中国历史上以少胜多的著名战例，它对后世兵家的战争观念和决战思想产生了深远的影响。正如孙子所说，大凡作战，都要以正兵当敌，以奇兵取胜。善于出奇制胜的人，其战法变化就如天地那样无穷无尽，淝水之战很好地体现了这一点。

势，就是态势，它的含义非常广泛。在《势篇》当中，孙子没有给出"势"的确切定义，只是用常见的例子来类比，"木石之性，安则静，危则动，方则止，圆则行。故善战人之势，如转圆石于千仞之山者，势也"。由此我们能够体会出，势实际上是一种落差、一种动力。电因为有了电势差才形成了电流；水因为有了高低不平的地势才能够流动；苍鹰捕捉猎物的时候快如电光石火，是因为它从高空中俯冲而下；大军背水扎营却大败敌人，是因为已无退路，只能死中求生。

孙子说"治众如治寡"，又说"斗众如斗寡"，多寡通吃，举重若轻，这样高深的境界，看上去普通人是难以企及的了。其实不然，只要讲求方法，复杂的事情往往也能迎刃而解。

生活中遇到的情况和问题更加复杂，但无论问题是大是小、是多是少，总是"万变不离其宗"，只要方法对头，总是能够解决的。

孙子又说："以利动之，以卒待之。"这一作战原则向我们说明了应该如何面对"取舍"与"得失"。古往今来，凡是能成大事者，都有大气魄、大胸怀，为了长远的利益，可以暂时放弃某些小利；为了掌握全局，可以舍弃局部；为了换取更大的胜利，可以付出部分牺牲的代价。《老子》说："将欲取之，必先予之。"可以说是孙子示形动敌，以利诱敌思想的本源。

名家论《孙子兵法》

我们要讲《孙子》的战术思想，首先要从中国古代战术学的名称"形势"说起。《孙子兵法》中有《形》《势》两篇，对"形""势"二字的含义有具体解释。

"形"，含有形象、形体等义，在《孙子兵法》中主要指战争中客观、有常、易见的诸因素。如《形》中提到"胜可知而不可为"，这种"可知而不可为"之"胜"就是"形"。它主要是指实力的概念，即所谓"强弱，形也"（《势》）；而实力的概念又主要与军赋制度，即算地出卒之法有关。所以《形》要以"地生度，度生量，量生数，数生称，称生胜"作为全篇的总结。它是对应于战争认识过程的第一阶段，即定计过程。

　　"势"，含有态势之义，在《孙子兵法》中主要指人为、易变、潜在的诸因素。它与"形"相反，多指随机的、能动的东西，如利用优势，制造机变灵活（"势者，因利而制权也"）；利用环境，制造勇敢（"勇怯，势也"）。它是对应于战争认识过程的第二阶段，即计的实行过程。

　　"形"和"势"这两个概念在《孙子兵法》中有一定区别，但又可相互转化，有时显得含义无别。例如《虚实篇》所说"故形人而我无形""形兵之极，至于无形"。这种"形"很明显已经不是什么客观、有常、易见的"形"，而是人为造成的变化莫测之"形"，实际上也就是"势"。"形""势"两字连言，含义主要是指后者，即人为的态势。

——李零

第七篇

虚实篇

　　虚实结合，是用兵的根本原则之一，也是保证战争胜利的法宝。本篇论述了如何运用虚实结合、避实击虚的战术。交战之前，应"先处战地而待敌"，抢先完成作战部署，以逸待劳。作战时，要善于隐藏和伪装自己，做到"我专而敌分"；还应根据实际情况的变化，主动灵活地采用"避实而击虚""因敌而制胜"等战术。

原文

孙子曰：凡先处战地而待敌者佚，后处战地而趋战者劳。故善战者，致人而不致于人。能使敌人自至者，利之也；能使敌人不得至者，害之也。故敌佚能劳之，饱能饥之，安能动之。出其所不趋，趋其所不意。

行千里而不劳者，行于无人之地也；攻而必取者，攻其所不守也。守而必固者，守其所不攻也。故善攻者，敌不知其所守；善守者，敌不知其所攻。微乎微乎，至于无形；神乎神乎，至于无声，故能为敌之司命。进而不可御者，冲其虚也；退而不可追者，速而不可及也。故我欲战，敌虽高垒深沟，不得不与我战者，攻其所必救也；我不欲战，虽画地而守之，敌不得与我战者，乖其所之也。

故形人而我无形，则我专而敌分。我专为一，敌分为十，是以十攻其一也，则我众而敌寡；能以众击寡者，则吾之所与战者，约矣。吾所与战之地不可知，不可知，则敌所备者多；敌所备者多，则吾所与战者，寡矣。故备前则后寡，备后则前寡，备左则右寡，备右则左寡。无所不备，则无所不寡。寡者，备人者也；众者，使人备己者也。

故知战之地，知战之日，则可千里而会战。不知战地，不知战日，则左不能救右，右不能救左，前不能救后，后不能救前，而况远者数十里，近者数里乎！以吾度之，越人之兵虽多，亦奚益于胜败哉！故曰胜可为也。敌虽众，可使无斗。

故策之而知得失之计，作之而知动静之理，形之而知死生之地，角之而知有余不足之处。故形兵之极，至于无形；无形，则深间不能窥，智者不能谋。因形而措胜于众，众不能知。人皆知我所以胜之形，而莫知吾所以制胜之形。故其战胜不复，而应形于无穷。

夫兵形象水，水之形，避高而趋下，兵之形，避实而击虚。水因地而制流，兵因敌而制胜。故兵无常势，水无常形，能因敌变化而取胜者，谓之神。故五行无常胜，四时无常位，日有短长，月有死生。

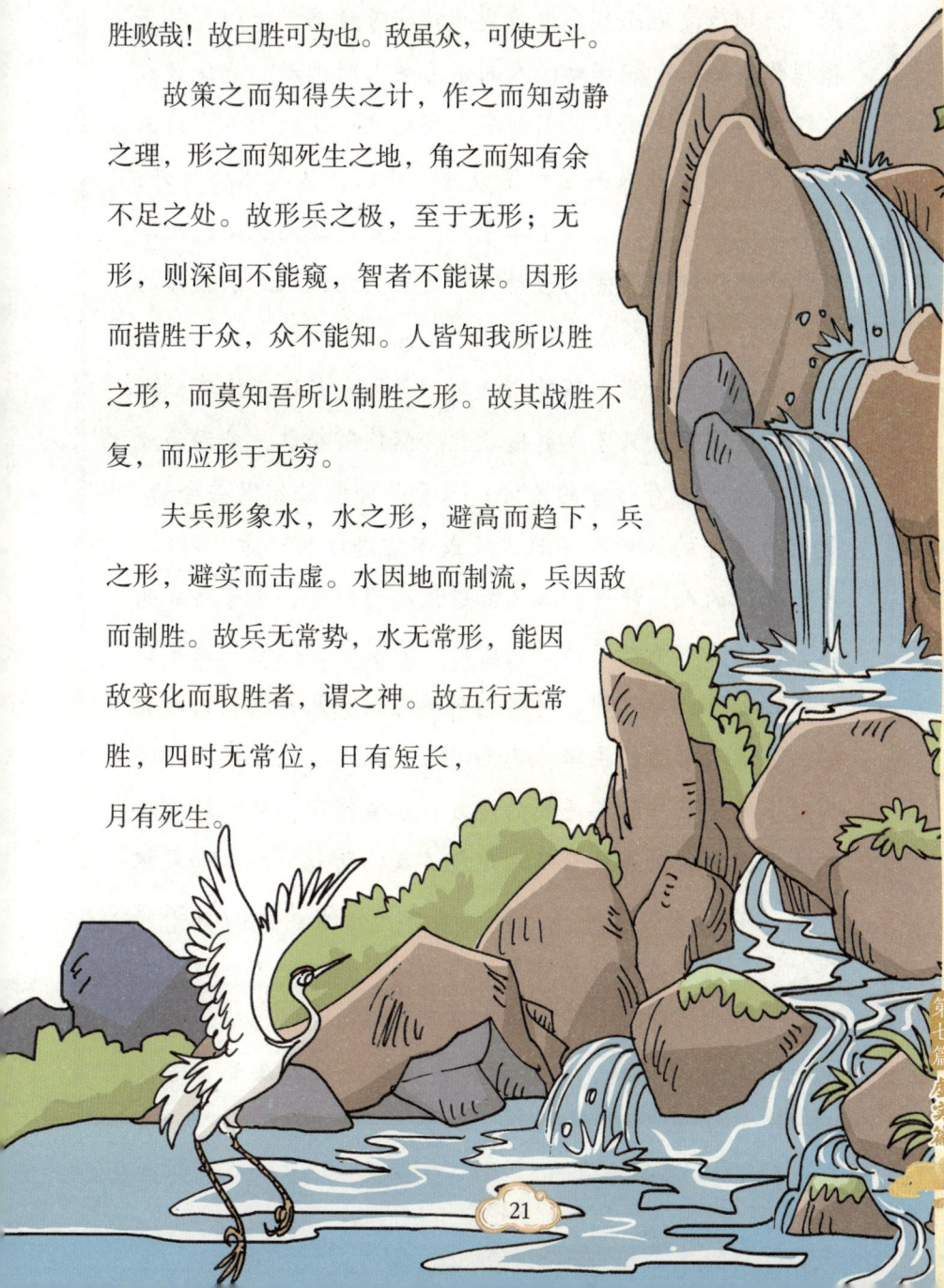

译文

孙子说：凡是先占据战地而等待敌人前来的就从容主动，后到达战地而且仓促应战的就疲劳被动。所以，善于指挥作战的人，能调动敌人而不为敌人所调动。能使敌人自投罗网的，是用利益引诱敌人的结果；使敌人不肯前来的，是因为让敌人感受到了威胁。所以，敌人休整得好，就要使他们疲劳；敌人粮草充足，就要使他们饥饿；敌军驻扎安稳，就要使他们移动。出兵要指向敌人无法救援的地方，行动于敌人意料不到的方向。

部队行军千里而不觉得疲困，是因为行进在没有敌人防守的区域里。只要发起进攻就必然能够夺取，是因为攻击的是敌人没有防守的地方；只要防守就必然固若金汤，是因为防守的是敌人不敢进攻或不宜进攻的地方。所以，善于进攻的人，能使敌人不知道该怎样防守；善于防守的人，能使敌人不知道该如何进攻。微妙啊，微妙到看不出一点儿形迹；神奇啊，神奇到听不见一点儿声息。因此能够成为敌人命运的主宰。想要进攻，敌人就无法抵御，因为攻击的是敌人防备虚弱的地方；想要撤退，敌人就无法追击，因为行动速度让敌人追赶不及。所以，我军如果想交战，敌人即使据守深沟高垒，也不得不出来与我军交战，这是因为我军攻击的是敌人必须援救的地方；我军如果不想交战，即使只是在地上画了座城池进行防守，敌人也无法与我军交战，这是因为我军诱使敌人改变了进攻方向。

　　所以，要设法使敌人暴露形迹而使我军不露痕迹，那么我军就可以集中兵力，而敌人不得不分散兵力处处防备。我军将力量集中于一处，敌人的力量却要分散于十处，这样，我军以十倍的力量去攻击敌人，从而造成我众而敌寡的局面；能做到以众击寡，与我军正面交战的敌人就会减少，我军所要进攻的地方敌人无法得知，无法得知，敌人需要防备的地方就会很多；敌人需要防备的地方多了，我军所要进攻并与之交战的敌人就会相对减少。所以，防备了前面，后面的兵力就会减弱；防备了后面，前面的兵力就会减弱；防备了左翼，右翼的兵力就会减弱；防备了右翼，左翼的兵力就会减弱。处处防备，就会处处兵力薄弱。兵力之所以处处薄弱，是由于处处防备的缘故；兵力之所以强大，是迫使敌人分兵防备我们的结果。

　　所以，能够预知交战的地点，能够预知交战的日期，那么即使相隔千里也可以前去与敌人交战。如果不能预知交战的地点，不能预知交战的日期，就会导致左军救不了右军，右军救不了左军，前军救不了后军，后军救不了前军，何况远的多达几十里，近的也要相隔几里呢！据我分析，越国的士兵虽多，可是对决定战争的胜败又有什么帮助呢！所以说，胜利是可以争取的。敌人虽然众多，但可以使他们无法与我军交战。

所以，要通过分析筹算来推知敌人作战计划的优劣得失；要通过调动敌人来了解敌人的活动规律；要通过佯动示形的方式来探明敌人生死命脉之所在；要通过试探性的进攻来掌握敌人兵力的虚实强弱。所以，佯动示形以诱敌的战术运用到极致，就进入了"无形"的境界；没有了形迹，即使有深藏的间谍，也无法窥知我方的真实动向；即使是老谋深算的敌人，也想不出对付我方的计策。即使把根据具体情况灵活运用战术而取得的胜利摆在众人面前，众人还是看不出其中的奥妙所在。人们都知道我军取胜的战略战术，却不知道我军所用战术必然克敌制胜的奥妙。因为每一次取胜所采用的方法都不是简单的重复，而是针对不同的情况灵活运用、变化无穷。

用兵的规律就像水。水流动的规律，是避开高处而流向低处，用兵打仗的规律，是避开敌人的坚实之处而攻击其虚弱的地方。水根据地势的高低而不断改变其流向，用兵则要根据敌情来制定不同的取胜策略。所以，用兵打仗没有固定不变的方式方法，就像水流没有一成不变的形态一样，能够根据敌情的变化而灵活取胜的，就可以叫作"用兵如神"了。五行相生相克而没有定数，四季交替更迭而没有一定的位置，白昼有短有长，月亮有缺有圆（用兵的规律和自然现象一样，永远处于变化之中）。

有图有兵法

◀ 出其所不趋，趋其所不意 ▶

向敌人来不及救援的地方出兵，向敌人想不到的地方行军。避实而击虚，才是战胜之道。

避实击虚的作战方法

攻

向敌人不急于进兵的地方出兵，向敌人意料不到的方向行进

攻击敌人不设防的地方必然能得手

善攻者
敌不知其所守

进

我军想要决战，敌人就不得不作战，因为进攻了敌军必须要救援的地方

守

防守敌人不敢进攻或不宜进攻的地方，必然固若金汤

防守敌人不进攻的地方必然牢固

善守者
敌不知其所攻

退

我军不想决战，敌人就无法来作战，因为已将敌军牵引到别的方向去

第七篇 虚实篇

◄ 致人而不致于人 ►

抢先占据战场主动权，不为敌人所牵制，才能主动灵活地争取战争的胜利。

调动敌人行动以制胜

致人而不致于人

	致人	致于人
战机（天时）	先行而主动	受牵制而被动
地势（地利）	抢占有利地形	落入敌军陷阱
军容（人和）	从容备战	疲惫应战

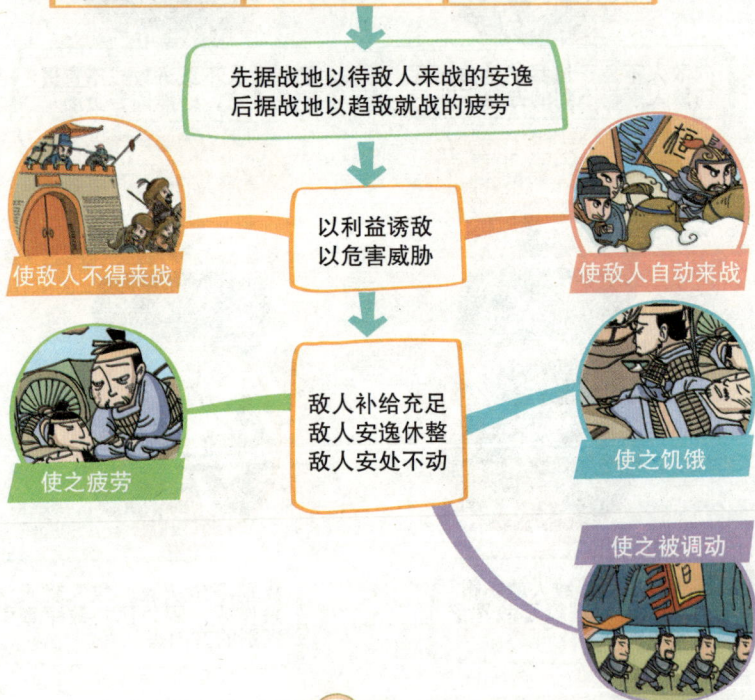

先据战地以待敌人来战的安逸
后据战地以趋敌就战的疲劳

使敌人不得来战

以利益诱敌
以危害威胁

使敌人自动来战

使之疲劳

敌人补给充足
敌人安逸休整
敌人安处不动

使之饥饿

使之被调动

司马懿平定辽东

魏明帝景初二年（238年），魏明帝曹叡（ruì）把太尉司马懿（yì）从长安召回京师洛阳，命他率军去征讨雄踞辽东的公孙渊。

魏明帝问司马懿："这次我军要远行四千里作战。据你推测，公孙渊将会采取什么样的对策？"

司马懿回答说："放弃城邑预先逃走，这是上策；凭据辽水与我军对抗，这是中策；坐守襄（xiāng）平而单纯防御，这是下策。"

魏明帝又问："这三种计策，公孙渊将会采用哪一种？"

司马懿答道："只有贤明的人才能正确估量敌我双方的力量，并能预先对所用计策做出正确取舍，而这并不是公孙渊所能做到的。"

魏明帝又问："这次出征往返将用多少天？"

司马懿答道："前往辽东需要一百天的时间，班师回朝需要一百天的时间，与公孙渊作战也需要一百天的时间，再用六十天的时间进行休整。这样算来，一年的时间足够了。"

就这样，司马懿率军向辽东进发。公孙渊听到魏军远征的消息，派遣大将卑衍（yǎn）、杨祚（zuò）率领数万步骑兵进驻辽隧（今辽宁海域西北高坨子附近），构筑围墙堑壕（qiàn háo）二十余里，以抵御司马懿的进攻。

魏军众将来到前线后，想要立即发起攻击，司马懿却说："敌人构筑了坚固的防御工事，这是想与我军长期对峙，企图把我军拖垮。现在去进攻的话，正好落入他们的圈套。再说敌人的主力集中在这里，他们的老巢必定空虚。我军舍弃这里不攻而直捣襄平，一定能大破公孙渊。"

于是，司马懿命令魏军多插旗帜，伪装成要进攻敌人阵地南端的样子，自己却率领大军偷偷渡过辽水，向北直取襄平。驻守在辽隧的卑衍、杨祚发觉己方中计，迅速率本部人马救援襄平。在军队行至首山（今辽宁辽阳西南）的时候，司马懿率军迎战，大破公孙渊军队。魏军随即来围攻襄平。

当时正是秋雨连绵之际，辽水暴涨，船只能够借着雨水一直行到襄平城下。雨下了一个多月还没有停止，长久浸泡在雨水中的魏军士卒军心开始动摇，很多人提出要找高处重新扎营。司马懿此时却传令下去："要是再有敢移营者，立即处死！"都督令史张静违反了命令，司马懿毫不留情地将他斩首示众，军队这才安定下来。

与此同时，襄平城中公孙渊的人马，凭借着大水的阻隔，竟然敢在魏军包围圈的缺口处放牧打柴。魏军众将再也不能忍受了，都要求立即进攻，司马懿却无视将士们的请求。有人问司马懿："当年您率军攻打上庸的时候，八支人马一齐攻城，昼夜不息，所以只用了十五天便将城攻破，杀了孟达。如今您长途跋涉而来，却变得谨慎多虑，我实在不理解您的做法。"

司马懿说："上庸之战，孟达的兵少，粮食却够吃一年，我军兵力相当于孟达兵力的四倍，粮食却不够吃一个月，以仅有一个月的存粮来对抗敌人一年的存粮，能不求快速制胜吗？用四倍于敌的兵力去攻打敌人，即使损失一半兵力，只要城攻破了，也是值得的。这种情况下是不用计较人员伤亡的，只要抓住敌我粮食多少这个关键就行。如今的形势是敌众我寡，敌饥我饱，加上大雨不停，攻城器械都没准备好，着急进攻又能有什么作为？我军从京师远道而来，不怕敌人进攻，只怕敌人逃走。现在敌人的粮食将尽，而我军的合围却还没有完成，如果现在去抢他们的牛马，取他们的柴草，这是催促他们逃跑啊！战争是一种诡诈的行为，做将帅的要善于根据具体的情况制定出相应的策略。现在敌人虽然饥饿，但还不肯束手就擒。我们应当伪装成无能为力的样子稳住他们。要是因为贪求小利而使他们逃走，那能算是好的策略吗？"

不久，雨过天晴，司马懿命令部队制造攻城器械，挖掘地道，堆起攻城的土山，开始日夜不停地攻城。公孙渊的人马疲于应对，又陷于粮尽的窘困境地，城中的很多将领士兵都出城投降。这样，没过几日，襄平城便被攻破了。公孙渊和他的儿子公孙修带领几百骑兵向东南方向突围，被魏军追上斩杀了。司马懿就这样平定了辽东。

孙子指出，善于作战的人，一定要善于调动敌人，而不要为敌人所调动。司马懿在平定辽东的战役中，不攻打敌人重兵防守的辽隧，而是攻打敌人兵力薄弱的老巢襄平。辽隧的敌军得知后，迅速从深沟高垒里跑出来，去救援襄平，结果在半路上被魏兵击败，这种避实击虚、引蛇出洞的战术，正应了孙子的"故我欲战，敌虽高垒深沟，不得不与我战者，攻其所必救也"的思想。

在这次战役中，司马懿还运用了示形诱敌的战术。在秋雨连绵、无法速攻的时候，故意摆出无所作为之态，以此稳住敌人，防止他们仓皇逃窜。

孙子所说的"策之而知得失之计，作之而知动静之理，形之而知死生之地，角之而知有余不足之处"，就是为了看清敌人的真实意图和具体情况所进行的周密而详细的探知活动，进而制定出有效的克敌之策略，使力量有所专攻。

虎牢之战

孙子说，两军交战时，一定要做到"致人而不致于人"，也就是"先处战地而待敌"，善于隐藏和伪装自己，避实而击虚。虎牢之战，便是避实击虚、避锐击惰的成功战例。仔细回顾这场经典战役，或许有助于我们更深刻地理解和学习《孙子兵法》。

隋朝末年，隋炀帝横征暴敛，荒淫无道，刑罚酷烈，兵役苛繁，弄得民不聊生，社会矛盾激化，最终导致了轰轰烈烈的农民大起义。经过一连串的攻伐，在中国北方形成了三股较强的割据势力，呈现出三足鼎立之势。

李渊军是此时天下最大的势力。在李密归降后，又一度控制了山东等地。公元618年，他在长安称帝，建国号为唐，成为唐高祖。

王世充势力以洛阳为中心，在击败李密后，经过不断发展，势力范围南起襄阳、北到黄河、西起崤函（xiáo hán，崤山与函谷关）、东至徐州，有雄踞中原之势。

窦（dòu）建德集团是另一股强劲势力，他们割据河北，开始南下，从唐军手中夺取了黎阳（今河南浚县），进攻孟海公、徐圆朗的势力，向山东发展。

公元619年，实力大涨的王世充建国称帝，而李渊已经在长安建国为唐，因此李渊要想坐稳皇帝的宝座，就免不了与王世充展开一战。于是，李渊派李世民出潼关（今陕西渭南潼关北）进攻王世充。李世民所到之处，各地官员纷纷投降，仅仅三个月的时间，王世充就只剩下洛阳一座孤城。

陷入死地的王世充便向另一位枭雄窦建德求援。窦建德意识到王世充如果被消灭，那么唐军的下一个进攻目标就是他了。正所谓"唇亡齿寒"，自己不能隔岸观火，坐视不救。因此，他决定先联合王世充一起攻击李渊，然后再伺机消灭王世充，进而夺取天下。随后，窦建德兼并了山东地区的孟海公起义军，于公元621年春，亲率十余万兵马前往洛阳援助王世充。窦军接连攻下好几个地方，很快就进抵虎牢以东的东原一带（今河南荥阳东北广武山）。

此时的唐军面临着艰难的抉择。一方面，虽然围困了洛阳，但敌军主力还在城内。王世充的守备很严，唐军攻城大炮飞石，重达五十斤，能投掷二百步。大弩粗如车辐，能射五百步。可李世民昼夜进攻，都难以攻破；另一方面，窦建德的援军随时都可能攻过来，一旦腹背受敌，形势将十分危急。于是，李世民在青城宫召开前线作战会议，商讨破敌之策。

会议上，大多数唐军将领都主张先退兵，暂避敌军的锋芒，但郭孝恪（kè）、薛收等却反对这么做。他们认为，王世充据守洛阳坚城，兵卒善战，他们最大的困难就是缺乏粮草；窦建德远来增援，兵多势众。如果让王、窦联手合兵，窦建德以河北的粮草供应王世充，就会给唐军制造很大的麻烦，也将使国家的统一事业受挫。因此，他们主张在分兵围困洛阳孤城的同时，派唐军主力扼守虎牢，阻止窦军的西进，先消灭窦建德军，那时洛阳城就能不攻自破。

李世民采纳了这一建议，立即将唐军一分为二，令李元吉、屈突通等将领继续围攻洛阳；自己则率精兵三千五百人，于三月二十四日先期出发，进军虎牢。

李世民抵达虎牢后，随即率精骑五百人东出二十余里，侦察窦建德军的情况。他派徐世勣（jì）、秦叔宝、程知节等率兵埋伏于道旁，自己则与尉（yù）迟敬德等向窦建德军营进发。在距窦军军营六里的地方，李世民故意暴露自己的行踪，引诱窦建德出兵追击。等窦军骑兵进入预先设伏的地点之后，徐世勣等及时向敌军发动攻击，歼敌三百多人。这次战斗规模虽小，却挫伤了窦军的锋芒，对窦军的虚实也有所了解。

之后，窦军被阻隔在虎牢东部，一个多月无法西进，几次战斗都失败了，士气渐渐低落。四月间，窦军的粮道被唐军截断，窦军大将张青特被俘，这使窦军的处境更加不利。此时，部下凌敬劝窦建德改变作战计划：率主力渡黄河，攻取怀州（今河南沁阳）、河阳（今河南孟州西），再翻越太行山，入上党（今山西长治），攻占汾阳、太原，然后攻下蒲津（今山西永济西）。凌敬指出，这样做有三个好处：这些地方唐军防守薄弱，窦军有必胜把握；拓地收众，可以极大增强窦军的实力；威胁关中，迫使唐军回师援救，以解洛阳之围。

窦建德认为凌敬的话有道理，但这时王世充频频派遣使者请求援助，而部将又纷纷建议援救洛阳，结果窦建德没有采纳凌敬的合理建议，继续与唐军对峙于虎牢一线，直至处境越来越被动。

不久，李世民得到情报：窦军企图乘唐军草料用尽，到河北岸牧马的机会，袭击虎牢。李世民将计就计，率领一部分人马过河，南邻广武（今河南荥阳东北），并故意在河渚（zhǔ）放出上千匹战马，诱使窦建德军出战。

第二天，窦军果然中计了，他们出动全部主力，在汜（sì）水东岸布下阵来。窦军的阵形北依大河，南连鹊山，正面宽达十多公里，摆出一副进攻的架势。李世民正确地分析了形势，指出窦军没有经历过大战，现在摆出一副咄咄逼人的阵势，显然有轻视唐军之意。于是他决定暂时按兵不动，等窦军疲惫后再出击，到那时一举消灭敌人。这样，李世民一面严阵以待，使窦军无隙可乘；一面派人召回留在河北岸的诱兵，准备出击。

窦建德轻视唐军，仅派了三百骑兵过汜水向唐军挑战，李世民派部将王君廓率两百长矛兵出战。两军往来交锋数次，未分胜负，各自退回本阵。战斗呈现胶着（zhuó）状态。

窦建德沿汜水列阵，从辰时（早上七点至九点）直至午时（上午十一点至下午一点），士卒饥饿疲乏，支撑不住，都瘫倒在地上。李世民得悉，马上派宇文士及率领三百名精骑先进行试探性攻击，并且指示说：如果窦军严整不动，就马上撤回；否则，可引兵继续东进。结果宇文士及来到窦军阵前，窦军的阵势立即动摇。李世民见状，当机立断，下令出战，并亲率骑兵先行出动，渡过汜水后，直扑窦建德的大营。

当时，窦建德正准备召集部下议事，见唐军忽然攻过来，众人一时惊恐失措，四下逃散。窦建德急忙命令骑兵出战，但为时已晚，唐军已经冲入窦建德的营帐之中。窦建德被迫向东撤退，结果被唐军截住，陷入进退两难的境地。接着，李世民所率的精骑也攻入了窦军大营，双方展开激战。

李世民命秦叔宝、程知节、宇文歆（xīn）等部截住窦军的后路，对窦军实施分割包围。窦军见大势已去，惊慌地四散奔逃。唐军乘胜追出三十里，俘获窦军五万余人。窦建德本人也负伤坠马被俘，窦军基本被歼灭。

唐军取得虎牢之战的胜利后，立即回师洛阳城下。王世充见窦军被歼，自己陷入内外交困、走投无路的绝境，只好献城投降。

虎牢之战，唐军消灭了窦建德的主力部队十万余人，接着又迫降了洛阳王世充的残余守军，夺取了中原的大部分地区，取得"一举两克"的重大胜利，成就了我国古代"围城打援"的著名战例，也是李渊统一全国的最关键一战。

　　"虚"与"实"是一对矛盾体，而我们的世界正是由无数矛盾交织而成的，就像有白天就会有黑夜，有美丽就会有丑恶，有长处就会有短处一样。实际上，矛盾是世间万物内在联系和相对性的一种表现。《老子》说："天下皆知美之为美，斯恶已。皆知善之为善，斯不善已。故有无相生，难易相成，长短相形，高下相倾……"可见，在很早的时候，人们就开始认识到了世间万物的关联性和相对性，进而又认识到了这种关联性和相对性也是随着环境和立场等因素的变化而不断变化的。

　　古希腊哲学家赫拉克利特有一句名言："人不能两次踏入同一条河流。"意思是说，河水是不停流动的，当人们第二次踏入同一条河流时，他们所接触到的水流已不是原来的水流而是变化了的新水流了。这句名言揭示了一个真理：世间的一切事物都处在不断变化之中。

　　孙子的"兵形象水"同样印证了这一道理：战场态势瞬息万变，因而选择作战方向、制定作战方针、实施作战计划都必须灵活机动。

　　唐太宗李世民和他的大将李靖十分推崇孙子的"虚实论"。李世民曾经感叹道："朕观诸兵书无出孙武，孙武十三篇无出虚实。夫用兵，识虚实之势，则无不胜焉。"李靖则立即回应说，兵法"千章万句，不出乎'致人而不致于人'而已，臣当以此教诸将"。

　　《孙子兵法》哪一篇写得最好、哪一句是核心，是个"仁者见仁，智者见智"的问题。有的人认为《谋攻篇》最好，"不战而屈人之兵"是核心；有的人认为《势篇》最佳，"奇正之变"道出了兵法的要义。李世民和李靖的观点虽与众不同，但不无道理，甚至可以说深得孙子之意。按照孙子的思维逻辑，用兵打仗先要有优势的军事力量，然后要营造有利的作战态势，力量与态势的结合则表现为"以砡投卵"，以我之实，击敌之虚。所以，怎样"使敌势常虚，我势常实"是战争指挥者必须考虑的核心问题。

——薛国安

军争篇

　　本篇系统地论述了军争的意义、利弊、原则和方法：要先于敌人占据要地，掌握有利战机，争取战场主动；不仅要看到军争的利，还要看到军争的害，更要学会趋利避害，并提出了"避其锐气，击其惰归"的著名军事原则。

原文

孙子曰：凡用兵之法，将受命于君，合军聚众，交和而舍，莫难于军争。军争之难者，以迂为直，以患为利。故迂其途，而诱之以利，后人发，先人至，此知迂直之计者也。

故军争为利，军争为危。举军而争利，则不及；委军而争利，则辎重捐。是故卷甲而趋，日夜不处，倍道兼行，百里而争利，则擒三将军，劲者先，疲者后，其法十一而至。五十里而争利，则蹶上将军，其法半至。三十里而争利，则三分之二至。是故军无辎重则亡，无粮食则亡，无委积则亡。

故不知诸侯之谋者，不能豫交；不知山林、险阻、沮泽之形者，不能行军；不用乡导者，不能得地利。故兵以诈立，以利动，以分合为变者也。故其疾如风，其徐如林，侵掠如火，不动如山，难知如阴，动如雷震，掠乡分众，廓地分利，悬权而动。先知迂直之计者胜，此军争之法也。

《军政》曰："言不相闻，故为金鼓；视不相见，故为旌旗。"夫金鼓旌旗者，所以一民之耳目也。人既专一，则勇者不得独进，怯者不得独退，此用众之法也。故夜战多火鼓，昼战多旌旗，所以变人之耳目也。

故三军可夺气，将军可夺心。是故朝气锐，昼气惰，暮气归。故善用兵者，避其锐气，击其惰归，此治气者也。以治待乱，以静待哗，此治心者也。以近待远，以逸待劳，以饱待饥，此治力者也。无邀正正之旗，勿击堂堂之陈，此治变者也。

故用兵之法：高陵勿向，背丘勿逆，佯北勿从，锐卒勿攻，饵兵勿食，归师勿遏，围师必阙，穷寇勿迫。此用兵之法也。

译文

孙子说：大凡用兵的法则，将帅接受国君的命令，从聚集民众结成军队，到开赴前线与敌人对阵，这期间最困难的事情莫过于与敌人争夺制胜的条件。争夺制胜条件最困难的地方，又在于如何以迂回曲折的方法达到近直的目的，如何化不利因素为有利因素。所以，要使敌人的路途变得迂曲，用小利引诱误导敌人，这样，即使自己比敌人后出发，也能先敌人而到达。如此就算是掌握了"迂"与"直"的道理的人。

所以，争夺制胜条件是为了使形势对自己有利，但争夺制胜条件也常常是一件危险的事情。如果以整支军队去争利，往往因为行动迟缓而无法按时到达预定地点；如果放弃笨重的物资而去争利，辎重就会被丢下。因此，卷起铠甲急速行进，日夜不停，速度加倍地连续行军，赶到百里以外去与敌人争利，三军将帅很可能被敌人所擒，强健的士兵先到达，疲困的士兵远远地落在了后面，这样的做法常常导致只有十分之一的兵力能够如期到达；奔行五十里去与敌人争利，前锋部队的将领很可能遭受挫败，这样的做法常常导致只有半数的兵力能够如期到达；奔行三十里去与敌人争利，只有三分之二的兵力能够如期到达。须知军队没有辎重就会遭受失败，没有粮食就不能生存，没有物资储备就无以为继。

所以，不了解诸侯列国战略意图的，不能与其结交；不熟悉山林、险阻、沼泽等地形的，不能率众行军；不使用向导的，就不能得到地利。用兵打仗是建立在诡诈多变的基础上的，任何举措都要根据是否对自己有利来决定，分散或集中兵力要根据情况而灵活变化。所以，军队急速行进时要快速如疾风，缓慢行进时要严整如密林，攻击敌人时要迅猛如烈火，原地待命时要岿然如山岳，隐蔽时要像阴云蔽日，行动时要势如雷霆，掠夺敌国的乡邑，要分兵多路进行；开拓疆土，要分兵扼守有利地形；要先权衡利害得失，然后相机而动。先懂得了"迂"与"直"的道理的就能胜利，这就是争夺制胜条件的原则。

《军政》中说："用语言指挥听不到，因而使用金鼓指挥；用动作指挥看不清，因而就使用旌旗指挥。"金鼓和旌旗，是用来统一军队作战行动的。全军上下的行动已然统一，勇猛的士兵就不会贸然单独前进，怯懦的士兵也不会擅自单独后退，这就是指挥众人作战的方法。所以夜间指挥作战多用火光和鼓，白天指挥作战多用旌旗，这样做都是为了适应士卒的视听能力。

对于敌人的军队，可以设法使其士气低落；对于敌人的将领，可以设法动摇他的心志。因此，军队的士气在初战时饱满旺盛，经过一段时间后就会逐渐怠惰低落，最后就会彻底衰竭。所以善于用兵的人，要设法避开敌人的锐气，等他们怠惰疲惫、士气消沉的时候再去攻击，这是掌握士气的方法。以我军的严整来对待敌军的混乱，以我军的镇静来对待敌军的哗恐，这是掌握军心的方法。以我军靠近战场的优势来对待敌军远道而来的劣势，以我军的从容休整来对待敌军的奔走疲劳，以我军的粮草充足来对待敌人的饥肠辘辘，这是掌握军队战斗力的方法。不截击旗帜整齐、部署周密的敌人，不攻击士气旺盛、阵容严整的敌人，这是掌握灵活机变的方法。

所以，用兵的法则是：敌人占据高地，就不要去仰攻；敌人背靠丘陵险阻，就不要从正面进攻；敌人假装败退，就不要跟踪追击；对敌人的精锐部队，不要主动与之交锋；对敌人诱我进攻的部队，不要去理睬；对正在撤退回国的敌人，不要加以阻截；包围伏击敌军时，一定要留出缺口；对陷入绝境的敌人，不要过分逼迫。这些都是用兵的法则。

有图有兵法

◁ 军争之难者 ▷

两军争夺制胜的条件最难的是如何将自己的劣势加以利用，使之成为抵抗敌军的有利条件。

以虚对实的战略方法

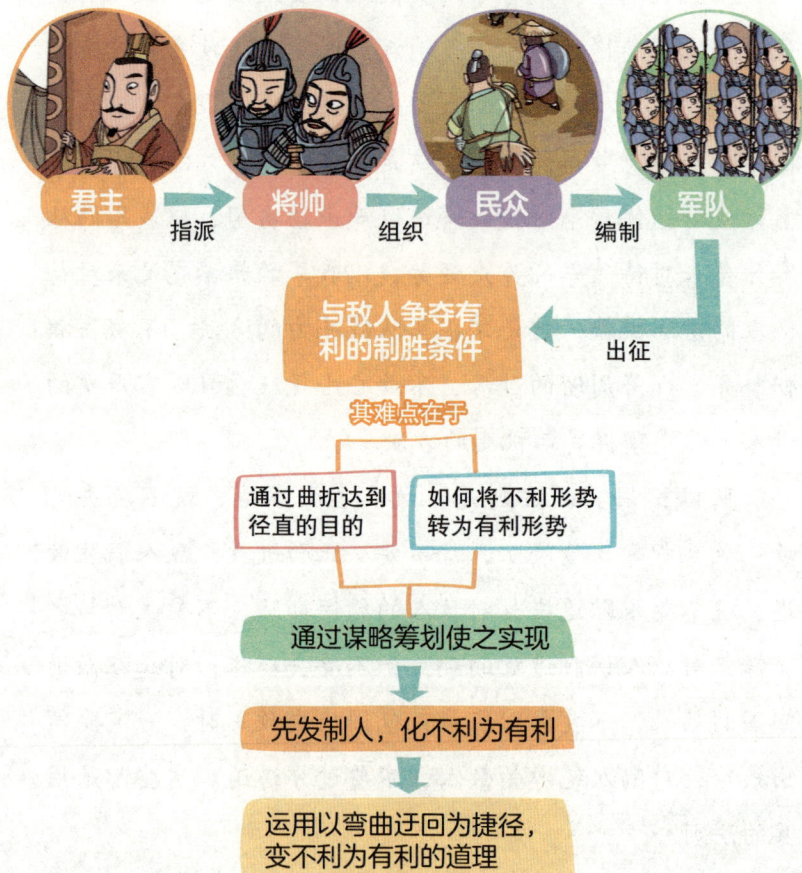

君主 —指派→ 将帅 —组织→ 民众 —编制→ 军队

与敌人争夺有利的制胜条件 ←出征—

其难点在于

通过曲折达到径直的目的 | 如何将不利形势转为有利形势

通过谋略筹划使之实现

先发制人，化不利为有利

运用以弯曲迂回为捷径，变不利为有利的道理

◀ 先知迂直之计者胜 ▶

战争中懂得运用以迂为直计谋的人才能取得胜利。战争并不是向前进攻才能胜利，迂回的作战方式可能带来更大的利益。

如何迂回作战取得胜利

备战

结交诸侯
要了解诸侯列国的计谋

行军作战
要熟悉山林沼泽险阻地势

了解地形
要任用当地人做向导

用兵
- 出兵 —— 要奇诈多变
- 行动 —— 要见机行事
- 调遣 —— 要视情况而定

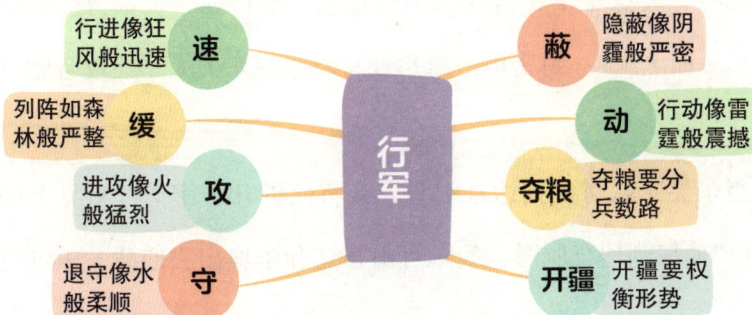

行进像狂风般迅速 **速**
列阵如森林般严整 **缓**
进攻像火般猛烈 **攻**
退守像水般柔顺 **守**

行军

蔽 隐蔽像阴霾般严密
动 行动像雷霆般震撼
夺粮 夺粮要分兵数路
开疆 开疆要权衡形势

合肥之战

东汉末年那场著名的赤壁之战，开启了曹操、孙权与刘备三分天下之路。赤壁之战后，孙权与曹操又交战数次，孙权都取得了胜利。这让孙权误以为曹操已经衰弱，不足为患，正是自己扩张地盘的绝佳时机，于是他在公元214年，亲率水军攻打曹操的江北重镇——皖城（今安徽安庆潜山）。

这次行动的总指挥是东吴大将吕蒙，吕蒙任命甘宁为升城督，负责督导攻城部队，他自己率领精锐随后跟进。甘宁身先士卒，亲自率军攻城，很快就拿下了皖城。之后，孙权命令吕蒙继续北上，围攻合肥。

此时，曹操正率军讨伐汉中的张鲁。临行前，曹操曾交给合肥护军薛悌（tì）一封密信，封角处写着：等东吴大军北攻合肥时再拆开。

当东吴军队将要到达合肥时，众将便拆开了密信，只见上面写道："孙权到达合肥时，我军可由张辽和李典出去迎战，乐进负责守城，薛悌不得与敌军交战。"众将都很疑惑：敌众我寡，势如累卵，还要主动出击，这不是自寻死路吗？况且张辽、乐进、李典三人向来不和，遇到这样的情况，谁也不服从谁的命令，这样安排，岂不是自取灭亡吗？

出乎意料的是，在这个危急关头，张辽、乐进与李典选择冰释前嫌，齐心协力，共破敌军。之后，张辽披甲持戟，率领800名死士杀向孙权的部队。吴军未做防备，被张辽冲进了营中，还斩杀了两名将领。孙权大惊，逃到一座小丘上，才躲过一劫。

之后，张辽率领800名死士反复冲杀，

从凌晨激战到中午，吴军死伤无数，士气也渐渐低沉下来。最后，张辽又杀出重围，从容回城，军心大振。

不久，东吴的后续部队抵达合肥，孙权不甘心失败，决定大举攻城。然而，合肥城极其坚固，东吴众将连续强攻了十几天都打不下来。吕蒙和甘宁一时也想不出什么破城之法，此时吴军中又开始流行瘟疫，再打下去已经没有意义，孙权只好下令班师。

张辽在城墙上看到，吴军撤退时，孙权居然落在了最后面，周围兵力很少，便与李典、乐进率领守军出城袭击。孙权见敌军步骑兵齐出，知道大事不妙，赶紧命令前军回返。但前军已经走得很远，一时赶不回来。幸亏凌统奋力死战，孙权才勉强逃脱。

善于用兵之人，总是会设法避开敌人初来时的锐势，等敌人疲惫时再狠狠予以打击。三国时期的合肥之战，就是这一军事思想的最好体现。

合肥之战中，曹军暂避吴军的锋芒，并趁其麻痹大意时，派精锐部队进行偷袭。待东吴军队无奈撤退时，又乘机偷袭，险些擒获孙权，充分体现了《孙子兵法》中"避其锐气，击其惰归"的思想。

四面楚歌

公元前203年8月，项羽和刘邦议和，约定以鸿沟（在今河南荣县境贾鲁河）为边界，"中分天下"，互不侵犯。一个月后，项羽领军东归，刘邦也想引兵向西。

此时，刘邦的谋臣张良、陈平劝谏道："天下三分之二已经归我所有，而楚军目前粮草不足、士兵疲乏，正是灭项羽的天赐良机，岂可养虎遗患！"刘邦顿时醒悟，马上命韩信、彭越等大将同时出兵，自己则亲率大军追击楚军，准备合力灭楚。

然而，韩信、彭越都按兵不动。张良见到这种情形，向刘邦献计说："要想调动韩、彭二人，必须给他们赏赐。请大王派人告知他们，如果打败楚军，将平分楚地，韩、彭各得一半。"刘邦按照这个计策行事，韩、彭二人得知这个消息后，果然马上大举进兵。经过数次激战，最终韩信用计将项羽军队团团围困于垓下（今安徽灵璧东南）。

楚军被困的时间一久，粮食渐渐吃光了，时值隆冬，寒风

凛冽，士兵们饥寒交迫，军心不稳。一天晚上，夜深人静的时候，四周突然响起楚地的民歌："寒夜深冬兮，四野飞霜。天高水涸兮，寒雁悲怆。最苦戍边兮，日夜彷徨……"歌声在箫声的伴奏下显得无比凄凉。

项羽听了大吃一惊，心想："难道汉军已经完全占领了楚

地？不然的话，为何他队伍中的楚人会这么多呢？"

楚歌还在唱着，即使在寒风中也能听得清清楚楚："虽有田园兮，谁与之守？邻家酒热兮，谁与之尝？白发倚门兮，望穿秋水。稚子忆念兮，泪断肝肠……"

哀怨的歌声此起彼伏，不绝于耳，项羽军队中的士卒多为楚地人，听到家乡民歌，自然而然地勾起了思乡之情，有的随之唱和，有的情不自禁地落下了眼泪，这样一来，他们哪里还有心思打仗！楚军士兵开始三三两两地叛逃，发展到最后，竟然整批整批地逃到汉营。

面对如此糟糕的情况，项羽也无可奈何，何况他也在这四面楚歌中丧失了斗志，只能借酒浇愁。对着最宠爱的妃子虞姬，项羽感到无比悲痛，慷慨悲歌："力拔山兮气盖世。时不利兮骓不逝。骓不逝兮可奈何！虞兮虞兮奈若何！"（力量足以拔起大山啊，勇气压倒当世。时运不利啊，乌骓马不能奔驰。乌骓马不能奔驰啊，可怎么办！虞姬啊虞姬，我该拿你怎么办！）

唱完了悲歌，项羽潸然泪下，旁边的人也都低声哭泣起来。虞姬鼓励项羽赶快杀出重围，然后在他面前自刎身亡。项羽悲愤交加，带着800余名士兵突围，等他浴血奋战，逃至乌江边时，身边仅剩下28骑。面对追来的大批汉军，有人劝项羽忍一时之辱，先过江，以图东山再起。项羽却感到无颜面对江东父老，最后拔剑自尽。至此，刘邦在楚汉之争中彻底胜出，不久即建立汉朝，是为汉高祖。

可惜项羽至死不知在汉营中唱楚歌的并非全是楚地人，而这实际上是张良采取的心理战术。张良教所有的汉军将士唱楚歌，不费吹灰之力，就瓦解了楚军的军心，项羽这个最大的敌人也因此丧命。这一战验证了《孙子兵法》中"三军可夺气，将军可夺心"的正确性，也使"四面楚歌"这个成语得以传播开来。

兵法点评

《军争篇》论述的是如何与敌争夺有利的制胜条件，即如何争夺有利的战地和战机的问题，因为二者在战争中至关重要。

关于赢得军争的方法，孙子提出了"迂直"的概念。迂直的主导思想便是"以迂为直"，讲求的是用计谋使敌人受到误导和牵绊，用小利引诱迟滞敌人，使自己能够在敌人率先出发的情况下，却先敌人而到达。孙子所说的"故迂其途，而诱之以利，后人发，先人至"就是这个意思。"以迂为直"的战略表面上看可能意味着多付出、多耗费，实际上却能使自己始终处于主动的地位，因为敌人始终是在被我所支配和左右。

现实生活中，人们也常说："忍一时，风平浪静；退一步，海阔天空。"又说："宰相肚里能撑船。"说的都是"以迂为直、以退为进"的意思。

第八篇 军争篇

名家论《孙子兵法》

中国古代尊奉的圣人有文武圣人。文圣人孔子，已有定论。武圣人有两位，一是蜀汉名将关羽，一是抗金英雄岳飞。"圣人"是中国古代社会人们对一个人的最高品格评价。关、岳两人，各领风骚千百年。中国历代名将中，其业绩、品格和关羽、岳飞不相上下的还有不少，关羽、岳飞也都有各自的不足。从古代军事科学领域推出杰出代表人物，以品格、理论造诣及对后世的深远影响而论，数千年来唯孙武一人而已。武圣人的称号，只有孙武当之无愧。

——任继愈

九变篇

　　本篇主要论述将帅应根据不同情况灵活运用不同的战略战术，提出了"有备无患"的战略思想，强调"智者之虑，必杂于利害"，要趋利避害，防患于未然。最后点明"将有五危"，应当引以为戒。

原文

孙子曰：凡用兵之法，将受命于君，合军聚众。圮地无舍，衢地交合，绝地无留，围地则谋，死地则战，途有所不由，军有所不击，城有所不攻，地有所不争，君命有所不受。

故将通于九变之利者，知用兵矣；将不通于九变之利者，虽知地形，不能得地之利矣；治兵不知九变之术，虽知五利，不能得人之用矣。

是故智者之虑，必杂于利害。杂于利，而务可信也；杂于害，而患可解也。是故屈诸侯者以害，役诸侯者以业，趋诸侯者以利。故用兵之法，无恃其不来，恃吾有以待也；无恃其不攻，恃吾有所不可攻也。

故将有五危：必死，可杀也；必生，可虏也；忿速，可侮也；廉洁，可辱也；爱民，可烦也。凡此五者，将之过也，用兵之灾也。覆军杀将，必以五危，不可不察也。

孙子说：大凡用兵的法则，主将接受了国君的命令，就开始征集民众，组织军队。军队行进时，不可在"圮地"上宿营；在"衢地"上应该结交邻国；不可在"绝地"上停留；遇到"围地"要有所防范和谋划；陷入"死地"时要殊死奋战。有的道路不要通过，有的敌军不要攻击，有的城池不要攻占，有的地方不要争夺，即使是国君的命令，不适合的也可以不执行。

所以，将帅如果能够通晓各种机变的利弊并加以灵活运用，就是懂得用兵了；将帅如果不能够通晓各种机变的利弊，即使知道地形的情况，也不能获得地利之便；指挥

第九篇 九变篇

军队而不知道各种机变的方法，即使知道"五利"（即圮、衢、绝、围、死），也不能充分发挥军队的作用。

因此，明智的将帅考虑问题，必定同时兼顾利与害两个方面。在有利的情况下考虑到不利的方面，所做的事情就一定能够成功；在不利的情况下考虑到有利的方面，祸患就可以解除了。因此，要想迫使诸侯屈服，就要用其最害怕的事情去威胁他们；要想役使诸侯为我效力，就要用危险的事情去烦扰他们；要想使诸侯归附自己，就要用利益去引诱他们。所以，用兵的法则是不要寄希望于敌人不来，而要依靠自己做好充分的准备；不要寄希望于敌人不进攻，而要依靠自己拥有使敌人无法进攻的力量。

将帅有五种致命的弱点：一味死战硬拼，就可能被敌人诱杀；贪生怕死，就可能被敌人俘虏；急躁易怒，就可能因为敌人的侮辱而轻举妄动；一味廉洁好名，就可能因为敌人的毁谤而丧失理智；一味仁慈爱民，就可能因为烦扰过多而不得安宁。这五点是将帅易犯的过错，是用兵的灾难。军队的覆灭、将帅的被杀，原因必定是出于这五点，做将帅的人不可不慎重考虑啊。

有图有兵法

◀ 故将有五危 ▶

将帅有五个致命弱点，如果不留心防范，或是被敌军加以利用，都会造成兵败。

造成将领兵败的五个弱点

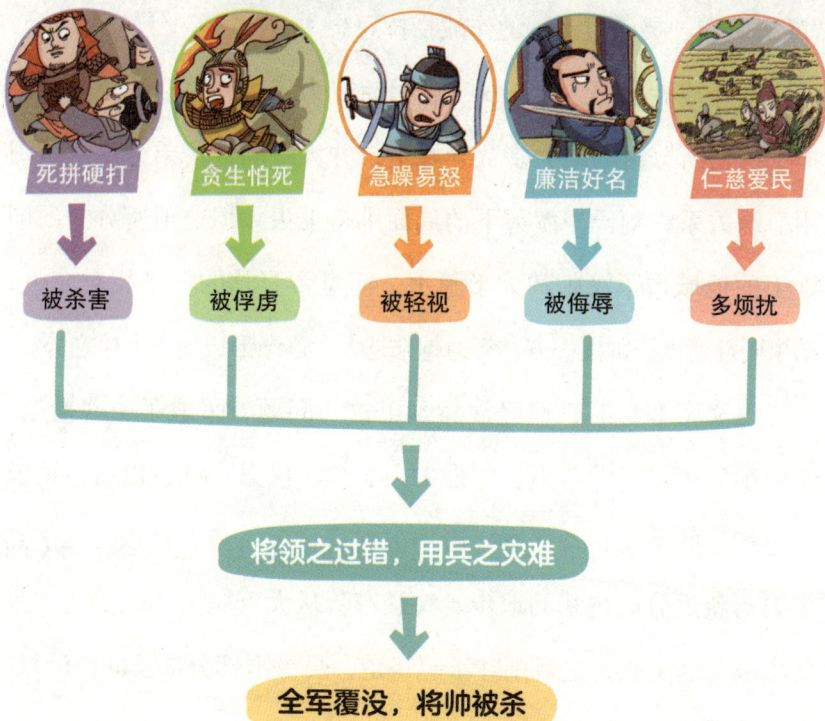

死拼硬打	贪生怕死	急躁易怒	廉洁好名	仁慈爱民
被杀害	被俘虏	被轻视	被侮辱	多烦扰

将领之过错，用兵之灾难

全军覆没，将帅被杀

第九篇 九变篇

战例应用

周亚夫平乱

在战争中，要善于根据特殊的情况，灵活变换战术，以赢得战争的胜利。周亚夫平定七国之乱这场大仗，便集中体现了孙子"随机应变、灵活机动"的作战指挥思想。

刘邦战胜项羽、建立汉王朝以后，为了巩固自己的统治，杀掉了汉初所分封的绝大多数异姓王，并大封同姓子弟为王，企图用血缘关系将刘氏一统天下的局面维持下去。但是他所分封的同姓王的地域占了汉朝的大半疆土，而皇帝直辖的郡县相对较少，结果同姓诸侯王割据一方，势力越来越大，逐渐形成尾大不掉之势。

汉文帝在位时，已经注意到了这一问题，采取了一些措施，希望削弱诸侯王的势力，加强中央集权。汉景帝继位以后，诸侯王对朝廷的威胁日益严重，诸侯国财富日增，势力日强，几乎到了要与朝廷分庭抗礼的地步。汉景帝听从大臣晁（cháo）错"削藩集权"的主张，先后削夺了赵、楚、吴等国部分郡县的统治权，将这些郡县收归中央管辖。

各诸侯王不甘心就此被削，纷纷对"削藩"表示不满，反对最为强烈的是吴王刘濞（bì）。吴国的都城在广陵（今江苏扬州北），辖有豫章（今江西南昌）、会稽（今江苏南部和浙江地区）等郡，封土广大，财力雄厚。铸钱和贩盐关系着经济和民生命脉，一向由国家掌控，刘濞却在自己的封地里私自铸钱，煮盐贩卖，暗中积蓄力量，企图夺取皇位。"削藩"的举措让他看到了可乘之机，于是他纠集楚王、胶西王、齐王、淄（zī）川王、胶东王、济南王、济北王、赵王等诸侯王，准备发动叛乱。

景帝三年（前154年）正月，朝廷下令削夺吴会稽、豫章二郡，吴王便打着"诛晁错、清君侧"的旗号，首先起兵，并迅速派人通知闽（mǐn）越、东越出兵相助。由于齐王毁约背盟，济北王被部下劫持，无法发兵，所以实际参加叛乱的仅有七国，史称"七国之乱"。

汉景帝得知七国叛乱后，一开始被叛军的口号所迷惑，错误地估计了形势，便采取姑息安抚的政策，腰斩了无辜的晁错，又恢复了诸王的封地，想以此来换取七国的退兵。但叛军依然马不停蹄地向长安进发，因为杀晁错只是一个借口，他们所图谋的是皇位。看清了这一形势，汉景帝痛悔不该诛杀晁错，并下定决心平叛。他任命周亚夫为太尉，让其负责平叛事宜。

周亚夫很快就制定了作战方案：七国之乱的主力吴、楚联军，行动迅捷，矫健勇猛，加上士气正盛，应尽量避免与他们正面交锋，不如暂时让他们占领梁国，自己正好利用这段时间，率大军绕到吴军背后，切断吴军的粮道，然后一举制服叛军。汉景帝采纳了他的意见。

一开始，周亚夫准备兵分数路，最终在洛阳会师。后来，在部属的建议下，他突然改变原定计划，绕道而行：避开崤（xiáo）、渑（miǎn，在今陕西潼关至河南渑池一带），绕道武关（在今陕西丹凤东南），经南阳（今属河南）直奔洛阳。虽然大军比原定路线多走了一两天时间，却令埋伏在崤、渑之间的敌军扑了个空。这样，周亚夫不仅神不知鬼不觉地抵达了洛阳，还突然发兵攻占了荥（xíng）阳（今河南荥阳），抢先控制了洛阳武库及荥阳西北的军用粮仓。之后，周亚夫立刻派兵清除了半道上的吴、楚伏兵，使潼关、洛阳间的交通补给线畅通无阻，巩固了后方的安全。

接下来，周亚夫率大军30余万人东出荥阳，进抵淮阳（今河南周口淮阴）。吴、楚军队之前一路势如破竹，气势高涨，为了避其锐气，周亚夫引兵到东北方，在昌邑（今山东金乡西北）驻扎。当时，吴、楚联军正全力攻打梁国，梁国形势危急，梁王向周亚夫求救，周亚夫却按兵不动。梁王于是上书向汉景帝报告梁国战事吃紧，汉景帝诏令周亚夫派兵救援，周亚夫依旧坚守营垒，按兵不动。与此同时，他趁吴、楚联军将注意力都集中在梁国身上，派出轻骑，悄悄迂回到联军后方，截断了他们的粮道。

粮道被断，粮草短缺，吴、楚联军陷入了进退维谷的境地。他们想与周亚夫速战速决，于是不断向坚守不出的周亚夫下战书，但无论敌人如何挑衅，周亚夫只是闭门坚守。但敌人稍有懈怠，他又不时地派出精兵，袭扰联军。

吴、楚联军使出了种种计谋，比如佯攻东南，实攻西北，都被周亚夫一一识破。吴楚联军久攻不下，加上粮草不足，很快就陷入了困境，士气大为受挫。汉军以逸待劳，不时给敌人以沉重打击，兵疲粮尽的联军只能撤退。

联军撤退之际，周亚夫立刻派出精锐部队追击，取得大捷。楚王刘戊（wù）被迫自杀，吴王刘濞丢弃了大部分军队，只带着几千名亲兵向南逃去。汉军穷追不舍，刘濞逃至丹徒（今江苏镇江东南），企图依托东越做最后挣扎。周亚夫趁势追杀，俘虏了大批吴国将士，并下令说："能擒住吴王的，不论是谁，赏千金！"所谓"重赏之下，必有勇夫"，一个多月后，东越王在汉军的威逼利诱下，杀了吴王刘濞，献上了他的首级。

周亚夫仅用了三个月的时间，便消灭了七国之乱的主力——吴、楚联军。很快，其他诸侯也一一被击败，作乱的诸侯王或自杀，或被诛杀，声势浩大的七国之乱终于被彻底平定。

在平定七国之乱的过程中，周亚夫的表现正符合孙子所说的"将通于九变之利者，知用兵矣"：面对危急的形势，他没有急于杀敌建功，依然保持冷静的头脑，闭门坚守，体现了"途有所不由，军有所不击，城有所不攻，地有所不争，君命有所不受"；他用千金引诱东越王，巧妙除掉了刘濞这个心腹大患，正是"趋诸侯者以利"。这一切，都展现了他作为一个优秀的将帅所具备的军事素养。

西陵之战

西陵（今湖北宜昌西北）就是夷陵，公元222年，陆逊曾在这里火烧连营七百里，大败刘备。后来夷陵改名西陵，五十年后，又一个传奇在这里上演。

公元272年秋，东吴西陵守将步阐（chǎn）突然投降晋国。晋武帝大喜，他不仅得到一员猛将，还将轻而易举地占据西陵。

东吴大将军陆抗闻讯，急忙派将军左奕（yì）、吾彦等率军征讨步阐。晋武帝得知这一消息后，命巴东将军徐胤率水军出击建平，以援救步阐；命荆州刺史杨肇（zhào），率军进攻西陵会合步阐；又命车骑将军羊祜（hù）率军出击江陵，晋军总兵力加起来有8万人。

陆抗得知后，却命令士兵在西陵城外修筑坚固严密的围墙，对内可以围困步阐，对外则可以抵御晋朝援军。陆抗的部将们认为，没必要修筑长围，只要抢在晋援军赶来之前强攻，拿下西陵城即可。但西陵城的防御设施都是陆抗当年亲自设置的，其坚固

第九篇 九变篇

程度他比谁都清楚。陆抗认为，此城不可能快速被攻克。所以，他力排众议，坚持己见。

防御工事刚刚筑成，晋将羊祜就带领5万晋兵赶到江陵。东吴一些将领又提出，不应只守西陵，还应分兵保卫江陵。陆抗说："你们不必担忧，江陵兵源充足，城池很坚固，晋军一时攻不下来。退一步来讲，即使晋军攻下江陵，也在我们的包围圈内，他们根本守不住。可是西陵则不同了，西陵南边属于少数民族地区，与我们貌合神离，一旦被晋军占领，那么他们必定望风投降，到时就真没办法控制了。"

考虑到江陵的北面道路平坦，陆抗又让江陵都督张咸修筑大坝，阻断江水，全部涌向江陵城北边，成为一片汪洋，以防止步阐率叛军溃逃。

晋将羊祜得知后，想利用所阻的江水行船运粮。他故意放出消息：我们要去破坏大坝，等江陵城北大水退尽，变成陆地，我们的步兵将大举攻城。陆抗听到后，立即派人去毁掉大坝。他手下的大将都傻眼了，陆抗这样做究竟是什么意图，辛辛苦苦刚筑好的大坝，为什么要毁掉，这样岂不是帮了羊祜的大忙吗？陆抗告诉将士们："羊祜是在虚张声势，他想走水路，故意骗我们保卫大坝，所以我抢先破坏掉，这样他的计划就无法实施了。"

陆抗的确猜中了羊祜的心思，实际羊祜把所有士兵和粮草都运上了船，哪承想大坝被破坏，江陵城北大水退去，成了一片沼

第九篇 九变篇

泽地，船只无法前进。他不得不改船为车，但车的运载量不及船，用车运送粮食，占用了晋军大量的人力和时间。

就在两军对峙之际，又发生了一件意外的事情：吴军都督俞赞叛变，投降了晋军。更麻烦的是，他属于军方的核心层，对吴军的军事实力一清二楚，形势瞬间变得十分严峻。陆抗对众将说："俞赞是军中的老将，对我军的虚实了解得极为详细。他肯定会建议敌人把我军最薄弱的地方作为突破口。"于是他连夜换防，把东吴军队的薄弱处全部换为精兵。

第二天，晋将杨肇领兵进攻，果然攻打吴军薄弱点，本想撕开一个缺口，没想到却遭到迎头痛击。陆抗命令全力抗敌，霎时间矢石如雨，晋军死伤无数。陆抗打算乘胜追击，又担心步阐伺机攻击，导致腹背受敌，便命令部下大声呐喊，奋力鸣鼓，摆出追击的样子。杨肇军队的士兵自信心受到打击，听到鼓声，害怕被吴军追上，吓得丢盔弃甲，拼命逃窜。陆抗见状，才派轻骑跟踪追击，又大败晋军。

西边另一路徐胤（yìn）军，听到消息后不久也撤退了。羊祜见两路军都被吴军击败后，无力再战，只好也撤退了。

解除了后顾之忧后，陆抗转过头来，集中全力向步阐发起进攻，没多久便拿下了西陵，活捉了步阐，平定了叛乱。

"九"，在古代是为数众多的意思。古人造字，起于一，极于九，九于是常用来形容一些不可穷尽的事物。"变"，在这里指的是用兵作战中的灵活机变。本篇用九来形容变，就是为了让人们对战场形势的瞬息万变，战略战术的随时随事而变，利弊转换的因人因地而变有一个最直观的感悟和认识。

《九变篇》强调的是将帅们在战场上的判断力和随机应变的能力。世界上的一切事物都在不停地运动和变化着，战争也是如此，任何人都不可能经历两次完全相同的战争，因为构成和影响战争的因素也在不断地变化着。

因此，将帅们需要知道一些相对固定的程式，比如在某些情况下能够做什么，应该做什么；但更要根据战场上的实际情况对这些程式进行取舍，有些路不能走，有些目标不能攻击，君主所下达的有些命令不一定要执行，一切都要根据现实情况而定。

孙子所说的善于打仗的将帅，是那些长于迅速准确地判断形势，能够灵活机变地采取相应策略的人。正如他所说："是故智者之虑，必杂于利害。"

你若不懂兵法，则不会作战。你若按兵法行事，却败了，那是你不懂得九变。所以什么叫学会，没法说。只有会的人才知道什么叫会。而且每过一阵子又发现自己不会了。这时候就是又要进步了，功力又要增长了。进步，就是不断地发现自己不会。

——华杉

行军篇

　　本篇主要论述行军作战的要领——在山地、江河、盐碱沼泽地、平地四种地形上行军、宿营、作战的具体原则和要求，以及通过具体现象观察判断敌情的"相敌三十二法"，并提出了"令之以文，齐之以武"的治军思想。

　　孙子曰：凡处军、相敌：绝山依谷，视生处高，战隆无登，此处山之军也。绝水必远水；客绝水而来，勿迎之于水内，令半济而击之，利；欲战者，无附于水而迎客；视生处高，无迎水流，此处水上之军也。绝斥泽，惟亟去无留，若交军于斥泽之中，必依水草而背众树，此处斥泽之军也。平陆处易，而右背高，前死后生，此处平陆之军也。凡此四军之利，黄帝之所以胜四帝也。

　　凡军好高而恶下，贵阳而贱阴，养生而处实，军无百疾，是谓必胜。丘陵堤防，必处其阳，而右背之，此兵之利，地之助也。上雨，水沫至，欲涉者，待其定也。凡地，有绝涧、天井、天牢、天罗、天陷、天隙，必亟去之，勿近也。吾远之，敌近之；吾迎之，敌背之。军行有险阻、潢井、葭苇、山林、翳荟者，必谨覆索之，此伏奸之所处也。

　　敌近而静者，恃其险也；远而挑战者，欲人之进也；其所居易者，利也；众树动者，来也；众草多障者，疑也；鸟起者，伏也；兽骇者，覆也；尘高而锐者，车来也；卑而广者，徒来也；散而条达者，樵采也；少而往来者，营军也；辞卑而益备者，进也；辞强而进驱者，退也；轻车先出，居其侧者，陈也；无约而请和者，谋也；奔走而陈兵车者，期也；半进半退者，诱也；杖而立者，饥也；汲而先饮者，渴也；见利而不进者，劳也；鸟集者，虚也；夜呼者，恐也；军扰者，将不重也；旌旗动者，乱也；吏怒者，倦也；粟马肉食，军无悬缶，不返其舍者，穷寇也；谆谆翕翕，徐与人言者，失众也；数赏者，窘也；数罚者，困也；先暴而后畏其众者，不精之至也；来委谢者，欲休息也。兵怒而相迎，久而不合，又不相去，必谨察之。

兵非益多也，惟无武进，足以并力、料敌、取人而已。夫惟无虑而易敌者，必擒于人。卒未亲附而罚之，则不服，不服，则难用也；卒已亲附而罚不行，则不可用也。故令之以文，齐之以武，是谓必取。令素行以教其民，则民服；令不素行以教其民，则民不服。令素行者，与众相得也。

孙子说：凡是部署军队和观察敌情，都应该注意：通过山地时，要沿着低谷行进；安营扎寨时，要选择居高向阳之地；如果敌人占据了高地，千万不可仰攻，这些是在山地行军布阵的法则。横渡江河之后，应当驻扎在离江河稍远的地方；如果敌军渡河来战，不要在河中迎击，而要等他们渡水渡到一半时予以攻击，这样最有利；要想同敌人决战，就不要在紧靠水边的地方迎击敌人；应当在居高向阳的地方安营，切勿迎着水流布阵或驻扎，这些是在江河地带行军布阵的法则。通过盐碱沼泽地带时，应当迅速离开，不可停留；若是在盐碱沼泽地带遭遇敌人，务必使军队靠近水草而背倚树林，这些是在盐碱沼泽地带行军布阵的法则。在开阔的平原地带驻军，要选择地势平坦的地方，最好背靠高处，造成前低后高的态势，这些是在平原地带行军布阵的法则。以上四种行军布阵原则所带来的好处，是黄帝能战胜"四帝"的原因所在。

凡是驻军，总是喜欢高地而厌恶低洼的地方；总是看重干燥向阳的地方而轻视阴冷潮湿的地方；最好是驻扎在物产丰富、便于生活的地方，将士们才不会生出各种疾病，这是军队必胜的重要保证。在丘陵、堤防地带，必须驻扎在向阳的一面，而且要背靠着它。这些都是对行军布阵有利的措施，是地形地势对军队的辅助。河流上游下雨涨水，水沫漂来，洪水将至，若想涉水渡河，一定要等到水势平稳以后再渡，以防山洪暴至。

凡是遇上"绝涧""天井""天牢""天罗""天陷""天隙"这些地形，必须迅速离开，不要靠近。我军要远离它，而让敌军接近它；我军要面向它，而让敌军背靠它。行军过程中遇到险阻、积水低洼之地、水草丛聚之地、山林茂密以及草木繁盛的地方，必须谨慎地、反复地搜索，因为这些区域都是敌人容易设下伏兵和隐藏奸细的地方。

　　敌军离我军很近而仍保持镇静的，这是仗着他们占据了险要的地形；敌军离我军很远而前来挑战的，是想引诱我军进入圈套；敌军之所以（不扼守险要而）居于平地，一定是因为有利可图；林中树木摇动，一定是敌军正向我军袭来；草丛中多设遮蔽物，一定是敌人布下疑阵想迷惑我军；鸟儿惊起，是因为下面设有伏兵；野兽受惊奔逃，是因为敌军大举来袭；飞尘又高又尖，这是敌人的战车驰来；飞尘低而宽广，这是敌人的步兵向我军开来；飞尘断续分散，这是敌人在砍柴（并拖往营中）；飞尘稀薄而时起时落，这是敌人正准备安营扎寨；敌方使者言辞谦卑而暗中加紧战备的，是要向我军发起进攻；敌方使者言辞强硬而敌军又向我军驱驰进逼的，是在准备撤退；敌人先出动轻型战车并且部署在侧翼的，是在布列阵势；敌人没有事先约定就突然来请和的，其中必定有阴谋；敌人（频繁调动）往来奔走，并且已经摆开兵车列阵的，是想要与我军交战；敌军半进半退（往复徘徊）的，是想要引诱我军上前；敌兵倚仗手中的兵器才能站立的，是因为饥饿；敌兵从井中打上水就争相饮用的，是因为（缺水）干渴；敌人见到利益而不进兵的，是因为疲劳过度；敌营上有飞鸟停集的，说明已是空营；敌营夜间有人惊呼叫喊的，说明其心中恐惧；敌营惊扰纷乱的，说明敌将没有威严；敌营旌旗胡乱摇动的，说明其队伍已经混乱；敌人官吏急躁易怒的，说明其已经疲倦；敌人用粮食喂马，杀牲口吃，收拾炊具，部队不返回其营寨的，是准备拼死一搏；士卒聚在一起低声议论，敌将低声下气同部下讲话的，是已经失去人心；敌将一再犒赏部属的，说明已经无计可施；敌将一再惩罚部属的，说明已经陷入困境；将帅先对士卒暴虐而后又畏惧士卒的，说明敌将不精明；敌人托词派使者来请求谈判的，是想休兵息战。敌军盛怒而与我对阵，却久不交战，又不离去，必须谨慎地观察他们的意图。

　　兵力并非越多越好，只要不轻敌冒进，并能集中兵力，判明敌情，得到部下的信任和全心效力，也就足够了。只有那些不懂得深思熟虑而又狂妄轻敌的人，才必然会成为敌人的俘虏。士卒还没有亲附自己就贸然处罚他们，那他们就不会真心顺服；不真心顺服，就难以使用他们去打仗了。士卒对自己已经亲近依附，但仍不执行军纪军法，这样也不能使用他们去打仗。所以，要用"文"的手段来教育士卒，用"武"的方法来管理士卒，这样的军队打起仗来必能取胜。平素能严格贯彻命令、教育士卒，士卒就会养成服从的习惯；平素不能严格贯彻命令、教育士卒，士卒就会养成不服从的习惯。平素的命令能顺利贯彻执行，这是将帅与士卒之间关系融洽（相互取得了信任）的缘故。

◀ 凡军好高而恶下 ▶

军队驻扎，要选择居高向阳的地方。行军、驻军都要讲求自然环境的选择，这样才能有助于顺利前进。

行军驻军自然环境选择

| 驻军 | 地势高，向阳处 | ➡ | 防止士卒染患疾病 |

行军

水险

地形

植被

上游下暴雨，水流湍急，等水势平稳方可渡过，以防山洪

**使我军远离
使敌军接近**

绝涧	两岸峭壁，水流其间的地形
天井	四周高峻，中间低洼的地形
天牢	山险环绕，易进难出的地形
天罗	荆棘丛生，难于通过的地带
天陷	地势低洼，泥泞易陷的地带
天隙	两山之间狭窄的谷地

芦苇丛生的低洼地　　草木繁茂的山林地区

仔细、反复搜索

第十篇 行军篇

战例应用Ⅰ

郭威治军

五代十国时期，后汉发生了以李守贞、赵思绾（wǎn）、王景崇为首的"三镇之乱"，朝廷派大将郭威率兵前去征讨。

出征前，郭威向太师冯道请教治军之策，冯道说："李守贞是一员老将，他所依靠的是将士同心。你如果能重赏将士，必定能打败他。"郭威听完，连连点头。

李守贞盘踞于河中城（今山西永济蒲州）内，郭威率军到达城外后，切断了城内与外界的联系，准备以长期围困的方法来逼迫李守贞投降。

郭威牢记着冯道的教诲，部下有功即赏，将士受伤患病，他马上就去探望。有些将士犯了错误，他也不加严惩。时间一长，郭威果然赢得了军心，可是军队里姑息养奸之风也蔓延开来。

与此同时，李守贞陷入重围后，几次想派人向西突围，去找赵思绾联络，但都被郭威击退了，几乎是一筹莫展。一天，李守贞忽然听到将士们在议论郭威治军的事情，眉头一皱，计上心来：

他派一批精干的将士秘密潜出河中城，扮作平民百姓，在郭威的营地附近开设了数家酒馆。这些酒馆不仅价格低廉，而且可以赊（shē）账。郭威手下的士兵们发现了这些酒馆，便三五成群地过去喝酒，常常喝得酩酊（mǐng dǐng）大醉，将领们也不加约束。

　　李守贞见计策奏效了，马上派部将王继勋率千余精兵乘夜偷偷潜入后汉军的大营，发动突袭。后汉军毫无戒备，被

杀得四处溃逃。

郭威从梦中惊醒，急忙调兵增援。可是将士们你看看我，我看看你，竟然都不敢前往。危急之中，幸亏副将李韬舍命冲出，众将士才鼓足勇气，跟随他一起冲锋杀敌。王继勋兵力不足，又没有后援，功亏一篑，只能退回河中城。

这次突袭给郭威敲响了警钟，军纪松弛所造成的危害令他不寒而栗，于是他下令："如果不是犒赏宴饮，所有将士一律不得私自饮酒，违者军法论处。"谁知，军令颁布的第二天清早，郭威的爱将李审就违反了军令。郭威听说后，又气又恨，尽管心有不忍，但是他思索再三，还是命人将李审推出营门外，斩首示众，以正军法。

将士们见郭威连爱将李审都杀掉了，顿时收敛了放纵之心，从此军纪严明，万众一心。没过多久，郭威便向河中城发起攻击，一举平定了李守贞，又趁势击败了赵思绾和王景崇，最终平定了"三镇之乱"。

郭威在治军初期以优厚的赏赐来聚拢人心，得到了士兵的归顺依附；后来又及时醒悟，以严厉的军纪约束将士，甚至不惜斩杀爱将来树立威严，因此平定了"三镇之乱"，也完美地展现了《孙子兵法》中"令之以文，齐之以武"的军事原则。

钓鱼城之战

南宋末年，北方的蒙古帝国迅速崛起，随后开始不断南下，企图吞并南宋。公元1251年，成吉思汗的孙子蒙哥继位，做了蒙古大汗，史称蒙哥汗。

公元1258年，蒙哥汗采取迂回包抄策略，兵分三路向南宋发起进攻。忽必烈统率的东路军从河南出发，向南攻打襄阳（今湖北西北部）和鄂州（今湖北东部）；兀良合台指挥的军队从云南经贵州向长沙进攻；西路军则由蒙哥汗亲自指挥，经六盘山进入四川，攻占重庆，打通夔（kuí）门，进而顺江东下。在来势汹汹的蒙哥汗大军面前，很多山城不战而降。一年之后，蒙军就包围了钓鱼城。

钓鱼城坐落在今重庆市合川区城东的钓鱼山上，钓鱼山突兀耸立，相对高度约300米。山下嘉陵江、渠江、涪江三江汇流，南、北、西三面环水，地势十分险要，可谓是"一夫当关，万夫莫开"。这里有山水之险，也有交通之便，经水路及陆上道路，可通达四川各

地。拔下钓鱼城，西南宋军便再也无险可守，蒙军将直接面对门户洞开的西南中心重庆府。因此，钓鱼城成为两军必争之地。

镇守钓鱼城的将领叫王坚，他早在蒙哥汗到达之前，就命人储备了足够的粮食，并开凿了水源。当时山城中有百姓约10万人，守城将士1万余人，其中正规军只有4600人。如今蒙古大汗亲征，10万大军聚集城下，王坚的压力可想而知。

起初，蒙哥汗很不以为意。在他看来，前面那么多坚城都闻风而降了，只剩一座钓鱼城，在战无不胜的蒙军面前，抵抗是毫无意义的。令蒙哥汗深感意外的是，王坚率全城军民据险而战，奋勇杀敌，硬是将蒙军的一次次进攻尽数挡了回去。

蒙古大军南征北战，战斗经验丰富，但是打了整整三个月，

正面攻击伤亡惨重，却始终无法攻克钓鱼城，于是，他们试图采用其他办法打开缺口。六月初，蒙军猛将汪德臣率军通过秘密挖掘的地道，穿越了城墙，终于攻上外城马军寨。守城的士兵猝不及防，全部战死。王坚带兵赶来增援，与蒙军激战一夜。最后没能将蒙军赶出外城，只好退进内城继续坚守。

即使这样，钓鱼城全体军民仍拒不投降，还用滚木、礌石砸死了城下劝降的汪德臣。汪德臣是蒙哥汗的爱将，他的死给蒙哥汗精神上带来很大的打击。

一天，王坚命令守军将两条15斤重的鲜鱼，以及100余张蒸饼抛入城外蒙古军的营地，并投书蒙古军，称即使再攻10年，钓鱼城也能岿（kuī）然不动。

相比之下，城外蒙军的境况就很糟糕了。当时正值酷暑季节，

第十篇 行军篇

蒙古人本来就畏暑恶湿，加上水土不服，导致军中暑热、疟疾、霍乱等疾病横行，疫情相当严重。

蒙哥汗眼见屯兵已久，却攻不下钓鱼城，心中火急火燎。为了探察城内虚实，他命令士兵在钓鱼城前建起了一座高高的望台。王坚发现蒙哥汗亲自在城下督建望台，心中大喜，马上吩咐将士准备炮石，只等蒙哥汗一登上望台，就发号轰击望台。

蒙哥汗不知王坚的计划，望台刚一建好，就连忙登上台顶。王坚等的就是这个机会，命令士兵立刻发炮，摧毁望台。蒙哥汗被飞石击成重伤，不久便死了。不少随蒙哥汗出征的将领都战死于钓鱼城下，最后蒙古军队只能黯然撤离。

王坚充分利用钓鱼城临江且四面环山的有利地形，不仅成功守住了城池，还直接打死了敌军首领，堪称经典的防御战例，也暗合了《行军篇》中介绍的在江河地带行军作战的方略。

兵 法 点 评

　　《行军篇》里所论述的内容可以扼要地归纳为三点：处军、相敌和治军。"处军"是指在各种地形条件下，对于军队行军、作战、驻扎等问题的处置方法；"相敌"是指观察和判断敌情；"治军"就是对于军队的治理。

在孙子所处的时代，并没有精密的观测仪器和数据统计手段作为辅助，《行军篇》中的"相敌"三十二法，是白昼时直接用视力在阵地前沿进行敌情观测的方法的总结，这些方法虽然原始，却具体生动。孙子能见微知著，看到事物的本质，着实令人佩服。

两军对垒时，有些将领和孙子一样明察秋毫，能从一些微不足道的现象中，通过逻辑推理，判断出对方的动态和战争的走向。有些将领却对这些现象视而不见，以致错失良机招致惨败。为什么会出现这种情况呢？这里面自然有经验丰富与否的因素，但更重要的是将领在见微知著这一重要素质上存在着很大的差异。

见微知著，需要丰富的经验、通透的洞悉力和判断力，还需要谨慎又大胆的推理。"见微知著"中，关键在于"知"。能透过"微"看到"著"，是一个成功人士必备的能力。

生活中也是如此。注重生活中的细节，或许会发现重大的内涵和意义。牛顿关于苹果与地心引力学说的故事，我们都耳熟能详。我们不一定要成为牛顿那样伟大的科学家，但是细心观察生活，发现生活之美，不也能给生活增添乐趣和价值吗？

讲究"文武"之道，凡事以身作则，如果我们能在生活中努力做到这两点，一方面可以使自己做事情更有效率；另一方面可以团结激励身边的人，最大限度地发挥团体的力量。

名家论《孙子兵法》

学习兵法的痛苦是对方也懂兵法，学习博弈论的痛苦是对方不懂博弈论。因为学习兵法的目的是战胜，对方也懂的话，就不容易赢。博弈是追求共赢，对方不懂博弈论，你能算出双方共同的最优解，他却不懂，不会算，结果往往把你拖下水，两败俱伤。

——华杉

孩子读得懂的
孙子兵法

下

徐青林 ◎ 编著

北京工艺美术出版社

图书在版编目（CIP）数据

孩子读得懂的孙子兵法：上中下 / 徐青林编著. ——
北京：北京工艺美术出版社，2023.2
ISBN 978-7-5140-2536-1

Ⅰ．①孩… Ⅱ．①徐… Ⅲ．①兵法－中国－春秋时代
②《孙子兵法》－青少年读物 Ⅳ．①E892.25-49

中国版本图书馆CIP数据核字(2022)第196286号

出 版 人：陈高潮
责任编辑：张怀林
装帧设计：王　辉
责任印制：王　卓

法律顾问：北京恒理律师事务所　丁　玲　张馨瑜

孩子读得懂的孙子兵法（上中下）

HAIZI DUDEDONG DE SUNZI BINGFA(SHANGZHONGXIA)

徐青林　编著

出　　版	北京工艺美术出版社	
发　　行	北京美联京工图书有限公司	
地　　址	北京市西城区北三环中路6号　京版大厦B座702室	
邮　　编	100120	
电　　话	（010）58572763（总编室）	
	（010）58572878（编辑室）	
	（010）64280045（发　行）	
传　　真	（010）64280045/58572763	
网　　址	www.gmcbs.cn	
经　　销	全国新华书店	
印　　刷	天津海德伟业印务有限公司	
开　　本	640毫米×910毫米　1/16	
印　　张	18	
字　　数	31千字	
版　　次	2023年2月第1版	
印　　次	2023年2月第1次印刷	
印　　数	1～10000	
书　　号	ISBN 978-7-5140-2536-1	
定　　价	98.00元（全三册）	

前言
preface

《孙子兵法》由春秋时期军事家孙武所著，被誉为"兵学圣典"和"古代第一兵书"。这部流传千古的兵书，不仅仅是中国传统兵学的奠基之作，也是一部指导人们学习、生活、工作、处世的谋略宝典。

为了给孩子们带来最原汁原味的经典，本书收录了《孙子兵法》的全文，并用少年儿童读得懂的语言，逐字逐句对原文进行解析。全书精选了数十个历史故事，对原著内容进行充分解读，并配以近百幅卡通手绘漫画，让孩子们在趣味阅读中积累知识。

本书以思维导图的形式，提炼每一篇的兵法要点，帮助孩子们透彻理解《孙子兵法》的精髓，提高他们的逻辑思维能力。另外，在每篇的最后，还附以兵法点评，将孙子的思想与现实生活相结合，启发孩子们面对复杂的生存环境，学会如何观察、如何判断、如何行动。

希望每一个孩子都能在本书的陪伴下，获得非凡的分析力、判断力以及解决问题的能力，成长为有胆识、有智慧、见识广、格局大的栋梁之材。

郭进

五代末年至北宋初年名将，他智勇双全，能征善战，在宋太宗时期，利用有利地形，大破辽军。

韩世忠

南宋名将，他骁勇善战，胸怀韬略，在抗击西夏、金朝的战争中，为宋朝立下汗马功劳，又在平定各地叛乱中做出卓越的贡献。

柴荣

后周世宗，五代后周太祖郭威的养子。在高平之战中，他亲自挂帅，极大地鼓舞了周军的士气，挽救了后周岌岌可危的局势。

李愬

唐朝中期名将，他精通谋略，擅长骑射。他参与讨伐割据在淮西的吴元济叛乱，后来趁着雪夜奇袭蔡州，活捉吴元济，平定淮西地区。

朱元璋

元末农民起义军领袖，明朝开国皇帝，史称明太祖。在鄱阳湖之战中，他充分发挥小船的优势，火攻陈友谅军队，最后获得胜利。

周瑜

东汉末年名将。率吴国军队与刘备军队联合，于赤壁大败曹军，奠定了"三分天下"的基础，被誉为"世间豪杰英雄士，江左风流美丈夫"。

石勒

十六国时代后赵开国皇帝。雄武威猛，善于骑射。他在用兵攻打王俊时，连续用间，最后出奇制胜。

陈平

西汉王朝开国功臣，是汉高祖刘邦的重要谋士。刘邦困守荥阳时，陈平建议花重金收买楚军，离间项羽群臣，使项羽的重要谋士范增忧愤病死。

孙膑

孙武的后世子孙，因受膑刑，被砍去两个髌骨，故世称孙膑。他才华横溢，兵法造诣高深，治军以律，用军以谋，战功卓著，是我国古代不可多得的著名兵家。

目录
contents

第十一篇

地形篇

　　本篇主要论述"地有六形"与"兵有六败"，即分析了六种不同的作战地形及相应的用兵原则，指出了胜败的关键在于将帅的优劣和士兵的强弱，强调将帅要重视对地形的研究和利用，对于失利，将帅应负起主要责任。本篇还在篇末点出，只有知己知彼、知天知地，才能全胜、久胜。

原文

　　孙子曰：地形有通者、有挂者、有支者、有隘者、有险者、有远者。我可以往，彼可以来，曰通。通形者，先居高阳，利粮道，以战则利。可以往，难以返，曰挂。挂形者，敌无备，出而胜之；敌若有备，出而不胜，难以返，不利。我出而不利，彼出而不利，曰支。支形者，敌虽利我，我无出也；引而去之，令敌半出而击之，利。隘形者，我先居之，必盈之以待敌；若敌先居之，盈而勿从，不盈而从之。险形者，我先居之，必居高阳以待敌；若敌先居之，引而去之，勿从也。远形者，势均难以挑战，战而不利。凡此六者，地之道也，将之至任，不可不察也。

　　故兵有走者、有弛者、有陷者、有崩者、有乱者、有北者。凡此六者，非天之灾，将之过也。夫势均，以一击十，曰走；卒强吏弱，曰弛；吏强卒弱，曰陷。大吏怒而不服，遇敌怼而自战，将不知其能，曰崩；将弱不严，教道不明，吏卒无常，陈兵纵横，曰乱；将不能料敌，以少合众，以弱击强，兵无选锋，曰北。凡此六者，败之道也，将之至任，不可不察也。

　　夫地形者，兵之助也。料敌制胜，计险厄远近，上将之道也。知此而用战者必胜，不知此而用战者必败。故战道必胜，主曰无战，必战可也；战道不胜，主曰必战，无战可也。故进不求名，退不避罪，唯人是保，而利合于主，国之宝也。

视卒如婴儿，故可与之赴深溪；视卒如爱子，故可与之俱死。厚而不能使，爱而不能令，乱而不能治，譬若骄子，不可用也。

知吾卒之可以击，而不知敌之不可击，胜之半也；知敌之可击，而不知吾卒之不可以击，胜之半也；知敌之可击，知吾卒之可以击，而不知地形之不可以战，胜之半也。故知兵者，动而不迷，举而不穷。故曰：知彼知己，胜乃不殆；知天知地，胜乃不穷。

　　孙子说：地形可分为通、挂、支、隘、险、远六种。凡是我军可以去，敌军可以来的，叫作"通"。在通这种地形条件下作战，应该抢先占领地势高而向阳的地方，并保证粮草运输畅通无阻，这样作战就有利。凡是可以前往，但难以退回的，叫作"挂"。在挂这种地形条件下作战，如果敌人没有防备，就可以突然出击，从而战胜他们；如果敌人已经有了防备，出击了却不能取胜，而又难以退回，这样对我军就会很不利。我军出击不利，敌军出击也不利的地形，叫作"支"。在支这种地形条件下作战，即使敌人以利益来引诱我军，我军也不能出击，最好是佯装引军撤退，诱使敌人出击，待敌人出动到一半的时候，我军突然发起攻击，这样就会对我军有利。在"隘"这种地形条件下作战，我军若能抢先占领，就要用重兵封锁隘口，等待敌人的到来。如果敌人已经抢先占领隘口，并用重兵防守，我军就不要去攻打；如果敌人没有用重兵封锁隘口，就迅速攻取它。在"险"这种地形条件下作战，若是我军抢先将其占领，那就必须控制那些地势高而向阳的地方，等待敌人的到来；若是敌人抢先将其占领，那就应该引军撤退，不要去进攻。在"远"这种地形条件下作战，敌我双方势均力敌，不宜挑战；若是勉强求战，会对我军产生不利影响。以上六点，均是利用地形作战的原则，是将帅的重要责任之所在，不可不认真考察研究。

导致军队作战失败的情况可以分为走、弛、陷、崩、乱、北六种。凡是属于这六种情况的，都不是上天降下的灾祸，而是由于将帅的过失造成的。在敌我双方势均力敌的情况下，以一击十（而导致失败）的，叫作"走"；士卒强悍、将官懦弱（而导致失败）的，叫作"弛"；将官强悍、士卒懦弱（而导致失败）的，叫作"陷"；部将对主将有所怨怼，不服从指挥，遇到敌人意气用事，擅自出战，主将不了解他的能力（而导致失败）的，叫作"崩"；主将软弱缺乏威严，训练教育军队方法不得当，官兵都不守规矩，布阵列兵杂乱无章（而导致失败）的，叫作"乱"。主将不能正确判断敌情，以少击多，以弱攻强，又没有精锐部队作为中坚力量（而导致失败）的，叫作"北"。以上六点，均是导致军队败亡的原因，是将帅的重要责任，不可不认真考察研究。

地形是用兵打仗取得胜利的辅助条件。正确判断敌情，掌握制胜的主动权，研究地形的险易，计算道路的远近，这些都是高明的将帅能够取胜的方法。掌握了这些方法而应用于指挥作战的就必定能够胜利，不掌握这些方法而去指挥作战的就必定会失败。所以，如果根据战场实情进行分析，有着必胜把握的，即使国君主张不要打，坚决去打也是可以的；如果根据战场实情进行分析，没有必胜把握的，即使国君主张一定要打，不打也是可以的。进不谋求战胜的功名，退不回避违抗君命的罪责，只求使民众和士卒得以保全，行动符合于国君的利益，这样的将帅才算是国家的宝贵财富。

将帅对待士卒如同爱护婴儿，那么士卒就会与他共赴艰险；将帅对待士卒如同爱护自己的儿子，那么士卒就会与他同生共死。对士卒过分宽厚就无法使用他们，过分溺爱就无法命令他们，管理混乱松懈就无法约束治理他们，这样的军队就好像娇生惯养的孩子，是不能用来打仗的。

只了解自己的军队有能力去攻击敌人，而不了解敌人不可以攻击，取胜的可能性只有一半；只了解敌人能够被击败，而不了解（时机尚未成熟）自己的军队，还不宜去攻击敌人，取胜的可能性也只有一半；知道敌人能够被击败，并且知道（时机已经成熟）我军可以前去攻打他们，但不了解地形条件不利于作战，取胜的可能性仍然只有一半。所以，真正懂得用兵的将帅，行动时不会迷惑，采取的战略战术变化无穷。所以说：了解自己，了解敌人，就能常胜不败；了解天时，了解地利，胜利就可以永无穷尽。

有图有兵法

◄ 凡此六者，败之道也 ►

导致军队失败的有六种情况，需要多加注意，不要由人为因素而导致功败垂成。

六种导致失败的人为因素

 **走** 敌我实力相当，派兵去打十倍于己的敌军而失败

 **崩** 副将不服从命令，遇敌莽撞迎战，主将又不了解情况，无法加以指挥而失败

 **弛** 士卒强悍，将官懦弱，以致军队散漫而失败

 **乱** 主将懦弱，缺乏威信且训教不明，使士卒无所遵循而失败

 **陷** 将官强势，士卒懦弱，以致军队畏缩而失败

 **北** 主将不能正确估计敌情，以少击多，以弱击强，且没有精锐部队而失败

凡此六者，败之道也

7

战例应用 I

郭进拒辽军

公元979年，宋太宗赵炅（jiǒng）在统一南方之后，开始准备讨伐十国中最后一个割据政权——北汉。宋太宗命潘美为北路都招讨使，进攻太原，自己随军亲征。

北汉是辽国的属臣，宋朝一旦兴兵伐汉，辽国很可能派兵救援，为了堵截辽国的援兵，宋太宗又命将军郭进率军在石岭关驻守。

果然不出所料，辽景帝听到宋朝北伐的消息后，先是派宰相耶律沙和冀王塔尔火速前去解围，又派南院大王耶律斜轸（zhěn）率其部属前去援救。耶律沙进至石岭关附近的白马岭时，宋军已经抢先占据了白马岭的高地险隘（ài）。

在此之前，当地连下了几场暴雨，使得原先并不深的山涧水势猛涨，已经没过人的腰部了。面对湍（tuān）急的涧水和把守着高地隘口的宋军，耶律沙没有贸然前进，而是在这里安营扎寨，等待后续部队到来，然后再相机行事。塔尔则耻笑耶律沙胆小怕死，执意要率领先头部队渡涧。耶律沙劝道："目前宋军抢先占据了有利地形，我军贸然渡涧，恐怕凶多吉少，还是小心为妙！"塔尔却说："北汉现如今危在旦夕，再这样拖拖拉拉，只怕会贻（yí）误战机，到时想救他们也救不了了。"于是下令渡涧。

看到塔尔正率领辽军渡涧，守卫在白马岭上的宋军立刻摇旗呐喊，击鼓助威，但是并没有出击。塔尔观察了一会儿，发现没有动静，认为宋军是在虚张声势，便放心大胆地向对岸前进。

郭进耐心等待，直到塔尔的先头部

队渡过山涧大半之后，才将令旗一挥，命令守在隘口的士兵放箭。霎时间，箭如飞蝗，正在渡水的辽兵纷纷中箭倒下，然后被湍急的涧水冲走了。而侥幸登上对岸的士兵则被疾速而至的宋军骑兵砍翻在涧边。塔尔和他的儿子以及五名将领都被乱箭射死。这时，南院大王耶律斜轸及时赶到，下令辽军全线撤退，这才避免了辽军的更大伤亡。

经此一役，郭进成功地将辽军阻截在石岭关。宋太宗则率领大军从容地向太原发起进攻，北汉主刘继元无力与宋军相抗衡，又久盼辽军不至，只得开城向宋太宗投降。

孙子在《地形篇》中反复强调了一个观点，就是"地有六形"。山峦河流是死的，但是怎样看待它、怎样利用它的思想和方法却是活的。郭进阻涧为险，利用地形克敌制胜，展现出了运用兵法的至高境界。

黄天荡之战

南宋建立后，宋高宗偏安东南一隅（yú），并没有收复失地的志向。金人却穷追不舍，屡次侵袭宋国边境。

南宋建炎三年（1129年）十月，金兀术（zhú，本名完颜宗弼）统兵南下，深入长江流域，连破南宋都城临安（今浙江杭州）、越州（今浙江绍兴）等地。宋高宗赵构坐船逃到海上，才没有成为金军的俘虏。

在大肆烧杀掳掠之后，金军在第二年开始北撤。抗金名将韩世忠收到消息，急忙率领众水军赶到镇江，将金军阻截于焦山、金山之间。之后，双方在长江之上展开激战。韩世忠的夫人梁红玉亲自披挂上阵，擂鼓助威，这一仗，宋军士气大振，奋勇杀敌，大败金军水师。金军完全丧失了南下时的锋芒，在宋军的追击下，他们慌不择路，进入了河道湮（yān）塞的黄天荡（今江苏南京东北）。

黄天荡位于长江下游，原本是江中的一条"死巷"，后来河道湮塞，有进无出。金军对江南水道不熟，误入这里，进退不得。当时宋军只有几千人，无力一口吃掉10万金军，于是韩世忠命船队封锁入江水道，想把10万金军活活饿死在黄天荡内。

无奈之下，金兀术只好向韩世忠表示，愿意献出在江南掠夺的所有财物，买路渡江，结果被韩世忠严词拒绝。

金军被困在黄天荡达48天，眼看就要全军覆灭时，宋军的一名叛徒向金兀术献上一计，指引金兵一夜之间凿通了黄天荡背面的老鹳（guàn）河故道。这条河道长达30里，连通长江，在这名叛徒的指引下，金军逃出了黄天荡，向北逃过长江，反居宋军上游。此时金军的援兵也赶来接应，于是，金兀术决定折返黄天荡，与韩世忠进行决战。

韩世忠的水军战舰大多是海舰，船身高大，稳定性好，攻击力强。为了发挥这一优势，韩世忠命令工匠赶制了许多用铁链联结的大挠钩，又从水兵中挑选身体健壮者反复练习大挠钩的使用方法，用以对付金军的小战船。

金兀术得到消息后，经过仔细研究，决定用火攻的方式对付宋军。他命令金兵在战船内装上土，上面再铺上木板，两舷（xián）凿洞，安置桨棹（zhào），等无风时再出击，然后用火箭射向宋军大船的篷帆。在船内装土，可以让船在水面上更加稳定，不易倾覆；铺上木板，可以使对方无处下钩；风平浪静时出击，一方面能克服小船不耐风浪的弱点，一方面能发挥其机动灵活的

优势，而宋军战船体积大，无风难以行动，进退不灵活，反而成了火攻的靶子。

黄天荡一役，宋军果然大败，战船多被焚毁。不过，宋军也沉重打击了金军的嚣张气焰，此后30年内，金军再没有大规模南下。

这场战役，宋军先是利用黄天荡易进难出的地形，以8000名水军成功阻击10万金军渡江；后来，金军逃出包围圈，并针对宋朝水师的特点，制定了有针对性的进攻策略，扳回了一局。由此可见，能够影响战场形势的因素有很多，任何一个因素都有可能改变战局。身为将领应该明白，地形终究只是辅助，不可过分依赖地利，而应审时度势，扬长避短，这才是克敌制胜的最大法宝。

兵法点评

　　古代的战争大多数是在陆地与水面上进行的，因此，地形往往对战争的成败有着重要的意义。在《地形篇》中，孙子开门见山地总结了六种地形："通""挂""支""隘""险""远"。每种地形都从敌我两个角度考虑其利弊，以及该如何应对。这些缜密而周详的思考，不但反映出孙子对于战争规律孜孜不倦、必穷其理的精神，更体现着孙子朴素的辩证思想。

　　如果说地形是客观存在的，是不能轻易变化的，那么将帅们对于军队的指挥，对于战法的运用，对于部队的治理就是主观能动的，是随时都可以变化和调整的。在这一层面上，孙子讲述了因为将帅的失误或无能而导致军队失败的六种情况："走""弛""陷""崩""乱""北"。他强调说："凡此六者，非天之灾，将之过也。"通常情况下，将帅对军队的指挥以及平日里对军队的治理，可以理解为决定战争胜负的决定性因素。

在本篇当中，孙子还论述了将帅爱护士卒所应掌握的尺度。他首先对将帅应该爱护士卒予以肯定，他说道："视卒如婴儿，故可与之赴深溪；视卒如爱子，故可与之俱死。"但将帅对士卒的爱护又不同于父母对婴儿的爱护：父母对于婴儿的爱护是无私的，是不要求任何回报的；而将帅对于士卒的爱护则是为了让他们与自己同生共死，这其实是对人心的一种利用。

然而，即便是以恩惠制人，也要掌握尺度。如果施加恩惠而使自己的威严受损，那还不如不施加恩惠。如果士兵因为将帅的爱护而模糊了"将"与"士"之间的界限，那么他们就很可能会产生以下犯上、不服从命令等情绪。这是将帅们需要注意避免的。孙子说"厚而不能使，爱而不能令，乱而不能治，譬若骄子，不可用也"，说的就是这个问题。

这段话，也为天下所有为人父母者敲响了警钟，"棍棒底下出孝子"固然不可取，"娇儿不孝"也应该谨记。关爱而不娇纵，引导孩子健康成长，才是正确的教育方式。

　　自然因素，就是孙子所说的"天"与"地"。任何战争都是在一定的时空范围内进行的，必然要受到自然条件的影响。孙子说："夫地形者，兵之助也。"地形的"远近、险易、寒暑、时制"等自然与气候条件，不仅对一般的军事行动有影响，对古代火攻的实施，作用更为直接。因此，《孙子兵法》认为巧妙地利用自然环境，趋利避害，也是提升战斗力的重要因素。

　　从军事地形学的角度说，孙子对他所认识到的地面空间进行了具体的分析，并且归纳出一个精辟的结论："地形者，兵之助也。"（《地形篇》）从军事地理学的角度说，孙子对他所认识的地理环境，从自然地理和人文地理的结合上论述了其在战争中的地位和作用。他的名言"知彼知己，胜乃不殆；知天知地，胜乃不穷"（《地形篇》），以及他在论述"五事""七计"时讲的"天地孰得"，都是从战略高度强调地理对于克敌制胜的重要作用。

——李零

九地篇

　　本篇主要论述将帅应掌握"九地之变"，即九种不同的作战地区及相应的用兵原则，阐述了致敌被动的要旨和"兵之情主速"的决胜原则，以及"并敌一向，千里杀将"，即如何利用"人情之理"统领军队、深入敌国作战等问题。

![原文]

孙子曰：用兵之法：有散地、有轻地、有争地、有交地、有衢地、有重地、有圮地、有围地、有死地。诸侯自战其地，为散地；入人之地而不深者，为轻地；我得则利，彼得亦利者，为争地；我可以往，彼可以来者，为交地；诸侯之地三属，先至而得天下之众者，为衢地；入人之地深，背城邑多者，为重地；行山林、险阻、沮泽，凡难行之道者，为圮地；所由入者隘，所从归者迂，彼寡可以击吾之众者，为围地；疾战则存，不疾战则亡者，为死地。是故散地则无战，轻地则无止，争地则无攻，交地则无绝，衢地则合交，重地则掠，圮地则行，围地则谋，死地则战。

所谓古之善用兵者，能使敌人前后不相及，众寡不相恃，贵贱不相救，上下不相收，卒离而不集，兵合而不齐。合于利而动，不合于利而止。敢问：敌众整而将来，待之若何？曰：先夺其所爱，则听矣。兵之情主速，乘人之不及，由不虞之道，攻其所不戒也。

凡为客之道：深入则专，主人不克；掠于饶野，三军足食；谨养而勿劳，并气积力；运兵计谋，为不可测。

投之无所往，死且不北；死焉不得？士人尽力。兵士甚陷则不惧，无所往则固，深入则拘，不得已则斗。是故，其兵不修而戒，不求而得，不约而亲，不令而信，禁祥去疑，至死无所之。

吾士无余财，非恶货也；无余命，非恶寿也。令发之日，士卒坐者涕沾襟，偃卧者涕交颐。投之无所往者，诸、刿之勇也。

故善用兵者，譬如率然；率然者，常山之蛇也，击其首则尾至，击其尾则首至，击其中则首尾俱至。敢问：兵可使如率然乎？曰：可。夫吴人与越人相恶也，当其同舟而济，遇风，其相救也如左右手。是故方马埋轮，未足恃也；齐勇若一，政之道也；刚柔皆得，地之理也。故善用兵者，携手若使一人，不得已也。

将军之事，静以幽，正以治。能愚士卒之耳目，使之无知；易其事，革其谋，使人无识；易其居，迂其途，使人不得虑。帅与之期，如登高而去其梯；帅与之深入诸侯之地，而发其机，焚舟破釜，若驱群羊，驱而往，驱而来，莫知所之。聚三军之众，投之于险，此谓将军之事也。

九地之变，屈伸之利，人情之理，不可不察。凡为客之道，深则专，浅则散。去国越境而师者，绝地也。四达者，衢地也。入深者，重地也。入浅者，轻地也。背固前隘者，围地也；无所往者，死地也。是故散地，吾将一其志；轻地，吾将使之属；争地，吾将趋其后；交地，吾将谨其守；衢地，吾将固其结；重地，吾将继其食；圮地，吾将进其途；围地，吾将塞其阙；死地，吾将示之以不活。故兵之情：围则御，不得已则斗，过则从。

是故不知诸侯之谋者，不能预交；不知山林、险阻、沮泽之形者，不能行军；不用乡导者，不能得地利。四五者不知一，非霸王之兵也。夫霸王之兵，伐大国，则其众不得聚；威加于敌，则其交不得合。是故不争天下之交，不养天下之权，信己之私，威加于敌，故其城可拔，其国可隳。

施无法之赏，悬无政之令；犯三军之众，若使一人。犯之以事，勿告以言；犯之以利，勿告以害。投之亡地然后存，陷之死地然后生。夫众陷于害，然后能为胜败。

故为兵之事，在于顺详敌之意，并敌一向，千里杀将，此谓巧能成事者也。是故政举之日，夷关折符，无通其使，厉于廊庙之上，以诛其事，敌人开阖，必亟入之，先其所爱，微与之期，践墨随敌，以决战事。是故始如处女，敌人开户；后如脱兔，敌不及拒。

孙子说：按用兵的规律，可以将战地分为散地、轻地、争地、交地、衢地、重地、圮地、围地、死地九种。诸侯在自己的领地上与敌作战，这样的地区叫作"散地"；进入敌境但尚未深入敌人腹地，这样的地区叫作"轻地"；

我方得到就对我方有利，敌方得到就对敌有利的地区，叫作"争地"；我军可以前往，敌军可以前来的地区，叫作"交地"；同几个诸侯国毗邻，先到的就可以结交诸侯并取得援助的地区，叫作"衢地"；深入敌国腹地，隔着很多敌国城邑的地区，称为"重地"；山林、险阻、沼泽等行军困难的地区，叫作"圮地"；进入的道路狭窄险要，退归的道路迂回曲折，敌人以少数兵力就能击败我众多兵力的地区，叫作"围地"；迅猛奋战则能生存，不迅猛奋战就灭亡的地区，叫作"死地"。因此，处于散地则不宜作战；处于轻地则不可停留；遇上争地则要先于敌人占领，如果敌人已经占领，就不宜强攻；遇上交地则（要相互策应）不要断绝联络；进入衢地则应结交诸侯以为己援；深入重地则应掠取粮草物资；遇上圮地则要迅速通过；陷入围地则应运用智谋，防止被困；陷入死地则要迅猛奋战，死里求生。

古时候善于用兵的人，能够使敌人的部队首尾不能相顾，主力与小部队不能相互依靠，将官与士兵之间不能相互救援，上下之间（相互隔断）无法收拢，士卒溃散而不能集中，士卒即使集合起来也是阵形混乱。在对我有利的情况下就行动，在对我不利的情况下就停止。请问："如果敌军众多而且阵容齐整地向我发起进攻，该如何对付他们呢？"答曰："首先夺取敌人的要害之处，这样，他们就不得不听凭我的摆布了。"用兵之道贵在神速，乘敌人措手不及的时候，走敌人意料不到的道路，攻击敌人没有戒备的地方。

大凡进入敌国作战的基本原则是：深入敌境则军心专一，在本土作战的敌军便无法战胜我军；掠夺敌人富饶田野上的庄稼，使全军给养充足；精心地养护士卒，不要使他们疲劳，保持士气，积蓄力量；部署兵力，计算谋划，使敌人无法揣测我军的意图。

将军队置于无路可走的绝境，士卒们就会宁死而不败退；士卒们既然连死都不怕了，就没有人不尽力作战。士兵们深陷危险的境地，就会无所畏惧；无路可走，军心就会稳固；深入敌境，军心就不会涣散；遇到迫不得已的情况，就会殊死战斗。因此，在这样的情况下，军队不须整饬就懂得加强戒备，不待要求就能完成任务，不待约束就能亲密协作，不待下令就会遵守纪律。禁止迷信，消除士卒的疑惑，他们就会至死也不退避。

我军士卒舍弃多余的钱财，这并不是他们厌恶财货；豁出性命去作战，这并不是他们不想长寿。当命令下达的时候，坐着的士卒热泪沾满了衣襟；躺着的士卒泪流满面。把军队置于无路可走的绝境，士兵们就会像专诸、曹刿一样勇猛无畏了。

所以，善于用兵的人，能使部队像"率然"一样（自我策应）。所谓"率然"，是常山的一种蛇，攻击它的头部，尾部就会来救援；攻击它的尾部，头部就会来救援；攻击它的中部，头尾都会来救援。试问："可以使部队像'率然'一样吗？"答曰："可以。"吴国人与越国人虽然互相仇视，但是当他们同船渡河而遭遇风浪时，他们互相救助（配合默契）犹如一个人的左手和右手。因此，想用把马匹系在一起、掩埋车轮的办法来控制军队，是靠不住的；要使全军齐心协力奋勇无畏如同一人，就要靠指挥驾驭有方；要使强弱不同的士卒都能充分发挥作用，就要靠将帅恰当地利用地形。所以善于用兵的人，统率三军如同使用一人，这是由于将军队置于不得已的境地而形成的。

统率军队这种事情，要沉着冷静以使思虑深远，严肃公正以使队伍井然有序。要蒙蔽士卒的视听，使他们对军事行动一无所知；要经常变更战法，不断改变谋略，使人无法识破；要经常改换驻地，故意迂回绕道，使人们无法推测我方的意图。将帅赋予军队具体的作战任务，要像让人登高后而撤掉梯子一样，使其有进无退。将帅与军队一同深入诸侯国土，要像触发弩机射出弩箭一样，使其一往直前。要焚烧船只，打破锅子，破釜沉舟（以示死战的决心），驱使士卒要如驱赶羊群一般，赶过去，赶过来，使他们不知道要前往何处。聚集全军将士，将他们置于危险的境地（迫使他们拼死奋战），这就是统率军队作战的要务。根据地形的变化而灵活采取应对措施，根据战争态势的发展而采取相应的屈伸、进退战略，掌握全军将士在不同情况下的心理状态，这些都是将帅不能不认真考察和研究的。

大凡在敌国境内作战的基本规律是：深入敌境，军心就会变得专一。进入敌境不深，军心就容易涣散。离开本国，越过边境而进入敌国作战的地区，叫作"绝地"。四通八达的地区叫作"衢地"。深入敌国腹地的地区叫作"重地"。在敌国境内，但尚未到达其纵深的地区叫作"轻地"。背后有阻险而前方狭隘的地区叫作"围地"。无路可走的地区叫作"死地"。因此，在散地，我就要使全军上下意志统一；在轻地，我就要使军队前后连接、互相策应；在争地，我就要使后续部队迅速跟进；在交地，我就要谨慎防守；在衢地，我就要巩固与诸侯国的结盟；在重地，我就要保障粮草的供给；在圮地，我就要争取尽快通过；陷入围地，我就要堵塞缺口；陷入死地，我就要向众将士表示死战到底的决心。所以，士卒的心理变化情况是：受到包围就会奋起抵御，迫不得已就会拼死战斗，身处险境就会听从指挥。

因此，不了解诸侯的计谋和策略的，就不能预先与之结交；不熟悉山林、险阻、沼泽等地形的，就不能行军；不使用向导的，就不能获得地利之助。对于九地之利害，有一样不了解的，都不算是能称王争霸的军队。能称王争霸的军队，攻伐大国，能使其来不及动员民众、集结军队；威力加于敌人头上，能使其无法与别国结交。因此，（拥有这样的军队）就不必争着与别的诸侯国结交，也不必在各诸侯国培植自己的势力，只要依靠自己的力量，把威力加在敌人头上，就可以夺取敌人的城邑，摧毁敌人的国家。

施行超出惯例的奖赏，颁布打破常规的号令，这样就能做到指挥全军如同指挥一个人一样。驱使士卒去做事，而不告诉他们这样做的意图；只告诉他们有利的一面，而不告诉他们危险的一面。将士卒置于危险的境地，然后才能保存；使士卒陷入死地，然后才可以死里求生。军队陷于险境，然后才能（凭借自己的积极和主动）争取胜利。

所以，指挥作战这种事，在于弄清敌人的意图，（一旦时机成熟便）集中兵力指向敌人的一点，千里奔袭，擒杀敌将。这就是所谓的巧妙运筹能够成就大事。因此，在决定战争行动的时候，就要封锁关口，废除通行凭证，停止与敌国的外交往来，要在庙堂上反复计议，以谋划制定战略决策。一旦发现敌人有隙可乘，就要迅速发兵趁虚而入。首先攻取敌人最关键的地方，不要轻易与敌人约期决战。实施战略部署的时候要根据敌情的变化而不断做出调整，以求得战争的胜利。因此，战争开始时要表现得像处女般柔弱沉静，诱使敌人放松戒备；然后要像逃脱追捕时的兔子那样迅速敏捷，使敌人措手不及，无法抵抗。

有图有兵法

◀ 九地之变 ▶

古时作战有九种不同的作战地区，每种地区都有相应的用兵原则。对症下药，才能保证战争的胜利。

九种战地区分及应对方法

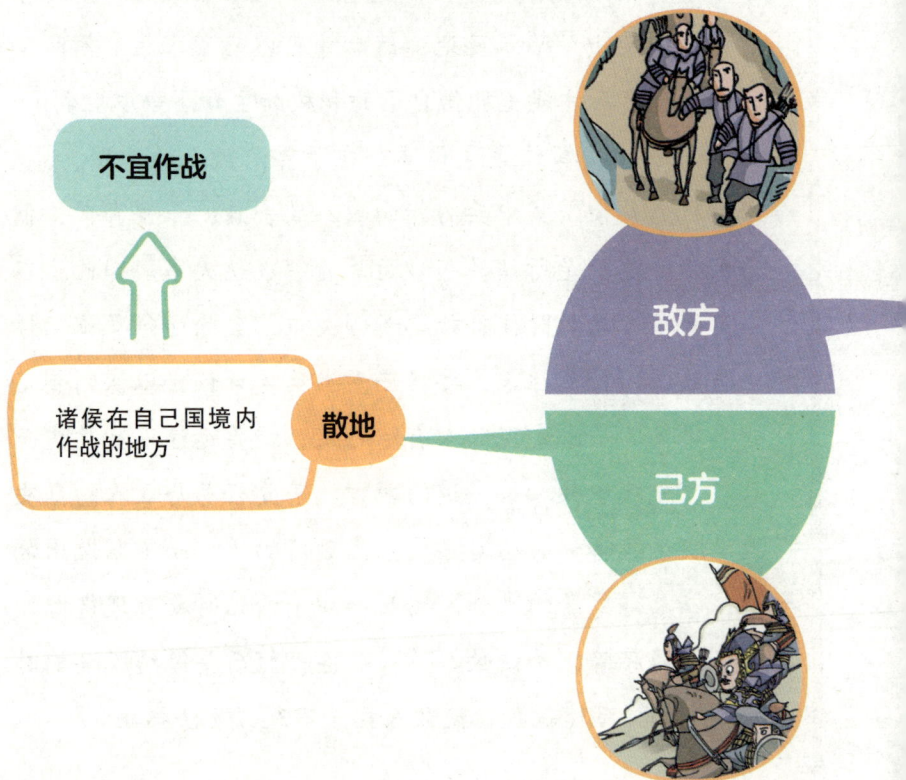

不宜作战

⬆

诸侯在自己国境内作战的地方　　**散地**

敌方

己方

敌国浅近处	**轻地**	进入敌境，但尚未进入敌人的腹地	**不可停留**
	争地	我军占领有利，敌军占领也有利的地方	**先敌占据** 如敌方先占领则不可强攻
	交地	我军可往，敌军也可来的地方	**各部相连防敌阻绝**
要塞及腹地	**衢地**	敌我及其他诸侯国接壤，先到就能先结交邻近诸国，取得支援的地方	**多结交邻国**
	重地	深入敌境，越过很多城邑的地方	**夺取物资就地补给**
形势严峻处	**圮地**	山林、险阻、水网、湖沼等难于通行之地	**迅速通行**
	围地	进兵的道路狭隘，退回的道路迂远，敌军用少数兵力就能击败我军多数兵力的地方	**不可停留**
	死地	迅猛奋战则能生存，不迅猛奋战就灭亡的地方	**不可停留**

战例应用 I

高平之战

高平之战是后周和北汉、契丹联军之间进行的一次关键性战役，也是五代十国时期最为重要的一次决战，它最终以周世宗大获全胜而告终。

五代十国时期，北汉曾多次南下进攻后周，但是后周军队总能在太祖郭威的率领下击退北汉军队。

公元954年，郭威去世，其养子柴荣继位，就是周世宗。北汉主得知这个消息，非常高兴，立刻向契丹请兵，再次南下攻打后周。契丹派武定节度使、政事令杨衮（gǔn）率领万余骑兵和北汉会师于晋阳（今山西太原晋源）。北汉主亲自统率三万人马，和契丹合兵南下。

后周昭宁节度使李筠（yún）派部将穆令均率领两千人马抵御联军，结果穆令均不幸中伏被杀，士兵也折损了上千人。

李筠退回上党（今山西长治），凭城固守。周世宗得到禀报，打算亲自出征，迎击北汉、契丹联军。但是满朝文武大臣都认为：北汉主自晋州惨败以后，一定不敢再亲自出征。而周世宗刚刚继位，人心还未稳定，不宜亲征，应该派下面的将帅去抵御战斗。但是周世宗有自己的看法，他认为："北汉主刘崇趁我国大丧来进攻，必定是轻视我年少没有经验，一定会亲自前来，想一举吞并我国，我不能不亲自出征。"于是，周世宗率领禁军从京城开封出发。

是年三月，后周军与汉军对阵于高平城巴公原，高平之战就此拉开帷幕。

北汉主刘崇亲自率领中路军，张元徽率领东路军，杨衮率领西路军（即契丹骑兵），阵容严整，摆出决战的架势。

面对这种敌众我寡的局面，周军的将士难免怀有畏惧的心理。而周世宗反而更加镇定，坚信一定可以打败北汉与契丹的联军。他命令白重赞与侍卫马步军都虞候李重进在西面统率左军，樊爱能、何徽在东面统率右军，向训、史彦超率领精骑在中间列阵，殿前都指挥使张永德率领禁军护卫皇帝。周世宗自己也全身披挂铠甲，并跨马到阵前督战，双方严阵以待。

因为后周军前锋前进过快，河阳节度使刘词率领的后军部队被落在后面，所以兵力远少于北汉大军。

北汉主刘崇看到后周人马不多，觉得根本不需要契丹援兵，自己的北汉大军就能将后周军队杀个片甲不留，于是，他对手下的将领说："我用汉军就可以击败周军，哪用得着契丹人。今天不但要一举击败周国，还要让契丹人知道我们汉军的厉害。"北汉的将领们也都表示赞同。

契丹大将杨衮在阵前观察了后周军的阵势和军容，对刘崇说："周军虽然人少，但是他们的排兵布阵很有章法，我们不可贸然进攻呀。"刘崇却不以为然地说："机不可失，将军就不要再说了，且看我来破敌。"杨衮不再言语，静观汉军的举动。

当时正值三月份，两军对峙时刮起了东北风，后周士兵处于下风向。可没过多久又突然转为南风，轮到北汉处于下风向了。北汉大臣认为风势对联军不利，不宜出击，便劝谏北汉主暂缓出兵，但刘崇不听，命张元徽率领千余精骑冲击后周右军。后周的右军主将樊爱能、何徽本来就有怯战心理，交战不久，就被北汉军打得落花流水，两个主将率先逃跑了，剩下的上千名步兵也纷纷解甲投降。

周世宗眼见战事紧急，后周军队濒临溃败的边缘，便亲自率领左右的亲兵，冒着流矢（shǐ）飞石出阵督战。后周士兵见周世宗身先士卒，顿时士气大涨。后来的宋太祖赵匡胤（yìn），当时还是后周的禁军将领。他先是招呼同伴向前冲锋，又请张永德率军从左翼出击，自己率军从右翼出击。二人各率领两千人马随周世宗出击。

主将奋勇当先，士卒更是拼死力战，无不以一当百，北汉兵抵挡不住，纷纷溃败下来。后周内殿直马仁禹也激励同伴进击，他自己跃马猛射，连毙数十名敌军，后周军的士气更加高涨了。

北汉主得知周世宗亲自上阵，便命人嘉奖张元徽，催促他乘胜进攻。张元徽继续向前进攻，

不料战马被射倒，他从马上摔了下来，被后周士兵斩杀。张元徽一死，北汉军士气低落，后周军乘胜追击，把北汉军打得大败。

此后，北汉主刘崇亲自挥舞旗帜，试图稳住军心，但是也无法改变北汉军的溃败。杨衮看到后周军如此骁（xiāo）勇，不敢救援，又痛恨刘崇不听自己的劝告，于是丢下汉军，带着契丹士兵撤退。

这时，从战场上溃败下来的后周将领樊爱能、何徽率领溃军一路抢劫辎重，还散布谣言说周军已经大败，企图阻止后军大将刘词前进。但刘词没有理会二人的谣言，继续率军向前进发，在黄昏时与前军会合。当时北汉还有士兵万余人，凭借山涧布阵，企图进行最后抵抗。傍晚时分，后周军得到增援，又发起猛攻，北汉军又被击败了。后周军一路追杀到高平城，北汉将士的尸体布满了山谷，丢弃的军资器械到处都是。走投无路的北汉士兵被迫投降后周。最终，北汉主刘崇仅仅率领百余骑兵狼狈逃脱，后周大获全胜。

《九地篇》中说：善于指挥打仗的人，能够使敌人前后部队无法相顾及，官兵不能相救援，并趁机歼灭敌人。高平之战中，后周军使北汉军陷入前后隔断，首尾不能联系的境地，并趁此一举歼灭了北汉军，这个战例很好地体现了孙子的这一思想。

李愬雪夜袭蔡州

安史之乱使唐王朝元气大伤，开始由盛转衰，各地节度使趁机独揽大权，割据一方。后来，唐朝国力有所恢复，边疆形势逐渐缓和，在这样的背景下，为了维护统一的局面，加强中央集权，唐王朝开始了削藩的举措。

公元807年，唐宪宗顺利平定西川（今四川中西部部分地区）、夏绥（suí，陕西靖边白城子）、镇海三镇的叛乱，开始着手讨伐淮西（今安徽江淮地区）、成德（今河北境内）的割据势力。李愬（sù）奇袭蔡州，正是平定淮西节度使吴元济割据势力时发生的故事。

淮西处于中原重地，治所在蔡州。一直以来，淮西藩镇就是一个强藩，也是威胁唐廷最著名的"刺头儿"之一。元和九年（814年），淮西节度使吴少阳病死，他的儿子吴元济承袭淮西节度使一职，不仅拒纳中央派来的吊祭使者，而且发兵四处烧杀掳掠。唐宪宗于是决定派兵讨伐他。

第十二篇 九地篇

朝廷军队分四路进攻淮西，然而，近三年的时间，朝廷出兵9万余人，耗费粮饷（xiǎng）无数，淮西却依旧固若金汤。于是，唐宪宗决定任用李愬，让他负责征伐吴元济。

公元817年正月，李愬到达淮西唐州（今河南唐河）。当时，唐军败多胜少，士气低落，士兵们都产生了厌战心理。面对这一情况，李愬对士兵们说："天子知道我李愬生性懦弱，能忍受战败的耻辱，因此派我来安抚你们。"听了李愬的这席话，士兵们才稍稍安下心来。

李愬上任后，做了大量工作以安定军心。他亲自慰问士兵，抚恤伤病者，既不讲究长官的威严，也不强调军纪的严整。这样的举措一方面是为了安抚士兵，一方面是向敌人佯示自己无所作为，再加上他上任前地位和名气不算高，吴元济果然放松了戒备。

等将士们的情绪稳定之后，李愬便开始暗中筹备，下令修理器械，训练军队。他实行优待俘虏及降军家属的政策，对俘获来的敌军官员、将领给予充分信任，并委以官职，有了这些人的帮助，李愬才逐渐摸清了淮西军的虚实。

这时，由于当地战乱频繁，出现了大批百姓逃亡的现象。面对这一情况，李愬派人安抚百姓，并派驻军队予以保护。这一举措，使唐军赢得了民心。

这年五月，李愬又设计擒获了淮西的骑兵将领李祐。这个人此前与朝廷军多次交锋，斩杀官兵无数，所以李愬的手下都嚷嚷着要杀了他。可李愬竟亲自为他松了绑，并待之为上宾。随后，李愬安排李祐住进了自己的帅帐，每天晚上都与他促膝长谈。他还不顾左右反对，任命李祐为自己的警卫队队长，将麾（huī）下的3000精锐全部交给了他。李愬的礼贤下士让李祐感动不已。终于，李愬得到了他最想要的蔡州的情报。

李祐向李愬建议道："蔡州的精兵都驻守在洄（huí）曲及其周围，蔡州城内只余下老弱残兵，我们完全可以乘虚直抵蔡州城，等到淮西各地将领得到消息赶来救援时，吴元济已经束手就擒了。"李愬听完大喜，更加坚定了奇袭蔡州的决心。随后，李愬暗中招募了一支3000人的敢死队，每天亲自带队操练，为袭取蔡州做了充足的准备。

十月，一个大雪纷飞的深夜，眼见时机已经成熟，李愬亲率九千精锐，分成前、中、后三军，悄悄向蔡州进发。为了保证军机不外泄，军队出发时，李愬只命令士兵们一直向东前进，而没有告知这次行动的目的地。

军队东行60里后到达张柴村，李愬率军占领了这个村子，将淮西军布置在此处的守军及通报紧急军情的烽火兵一网打尽。李愬留下500人留守此地。为了阻止洄曲方面的淮西军回援蔡州，他又命令士兵破坏通向洄曲的道路和桥梁。

阻截援军的计划部署完毕后，李愬亲自带领部队趁着夜色、冒着大雪继续向东疾行。众将士不解，向他询问行军方向，李愬

这才说出自己的计划：去蔡州城捉拿吴元济。

将士们一听，全都大惊失色，这是因为行动的当天风雪交加，天气异常寒冷，沿路都能看见冻死的士兵和马匹，而且行经的道路异常险峻，之前从未走过，他们都认为此去必死无疑。但李愬军纪严明，无人敢违抗，大家只能奋力向前。经过一番急行军，他们在天还没亮时便赶到了蔡州。这时，唐军经过近城处一个鹅鸭池，李愬灵机一动，想出了一条妙计：惊打鹅鸭以掩盖军队行

进的声音，并分散淮西军的注意力。

自从吴少阳割据以来，蔡州城就一直被叛军占据着，附近也没发生过大的战事，这使得城中守军防备松弛，毫无戒备之心。唐军借着风雪和夜幕的掩护，不费吹灰之力就进入了蔡州城。

天明的时候，有人向吴元济汇报说，唐军已经攻入了蔡州城。但是吴元济根本不相信，直到听到唐军的呐喊声，他才仓促带着亲兵登上内城抵抗。蔡州百姓火烧内城南门，唐军趁势破门而入，擒获了吴元济。

当时，吴元济的部将董重质正率领数万精兵据守洄曲，城破之后，李愬厚待董重质的家属，命其子前去招降董重质。恰好朝廷北路军也在此时占据了洄曲。余下州县守兵见蔡州已破，便先后投降了，平定淮西之战至此告终。

之后，成德方面的割据势力慑于中央的压力，也上表归顺朝廷。淮西、成德是唐代藩镇中的强镇，通过平定这两个藩镇，唐王朝又赢得了暂时的统一。

在蔡州奇袭战中，李愬先是针对士兵因屡战屡败而产生的厌战、惧战心理，一方面稳定军心，一方面示弱惑敌，然后制定了避实击虚、速战速决的战略。在行动一开始，他对部下守口如瓶，正是孙子所说的"犯之以事，勿告以言"。

而且，李愬善于利用地形、气候等作战条件，以影响士兵的心理，保证军队战斗力的充分发挥，使其坚定殊死作战的决心。这就是《九地篇》中所说的"投之亡地然后存，陷之死地然后生"。

李愬很清楚，他所率领的军队曾经多次战败，士气受到了极大的影响，要想使这支军队重振士气，就必须将士兵置于险恶的环境之中，到那时，"兵士甚陷则不惧，无所往则固，深入则拘，不得已则斗"。所以，李愬选择了在风雪严寒之夜，让士兵"由不虞之道，攻其所不戒"，最后一举拿下了蔡州城，活捉了吴元济。

战争不仅是智谋的较量，也是力量、意志、决心和勇气的决斗。孙子说"围地则谋，死地则战"——当陷入九死一生的绝境时，利用全军将士的求生之心，激发他们决一死战的勇气，反败为胜，是为"陷之死地而后生"。

一位母亲见自己的孩子从十层楼高的窗台上掉了下来，就在那一瞬间，她不知从哪里爆发出来力量，从十几米远的地方飞身冲到楼底下接住了孩子。她的速度之快令人难以想象。

事后，这位母亲本人也感到万分惊讶，她说自己当时其实什么也没想，一心只想着一定要在孩子落地之前接住他。正是这种强烈的心情让她柔弱的身躯爆发出了"投之无所往"的力量。

人们常常嘲笑"困兽犹斗"，但是这种求生精神又何尝不令人动容？在漫漫人生道路上，碰到挫折与困境，一定要鼓起"投之无所往"的勇气，战胜它们，即使被打败，也不可失去尊严。

　　战争是在一定的时间和空间中进行的。孙子时代的战争都发生在地面和水面。《孙子兵法》论述到的地面主要是山地、丛林、平原和旷野，而草原、戈壁、沙漠、岛屿等地形都没有涉及。

　　它所论述的水面主要是江河湖泽。虽然当时吴国已有近海作战，如公元前485年徐承率吴国水军由海上进攻齐国，但孙子在他的兵法中却没有反映和总结。

——吴如嵩

火攻篇

本篇主要论述了火攻的种类、条件和实施方法，主张火攻与兵攻相结合。同时，孙子阐述了"主不可以怒而兴师，将不可以愠而致战"的慎战思想，告诉为将者不能逞匹夫之勇，否则，轻则损兵折将，重则抱恨终生。

原文

孙子曰：凡火攻有五：一曰火人，二曰火积，三曰火辎，四曰火库，五曰火队。行火必有因，烟火必素具。发火有时，起火有日。时者，天之燥也；日者，月在箕、壁、翼、轸也，凡此四宿者，风起之日也。

凡火攻，必因五火之变而应之。火发于内，则早应之于外。火发兵静者，待而勿攻；极其火力，可从而从之，不可从而止。火可发于外，无待于内，以时发之。火发上风，无攻下风。昼风久，夜风止。凡军必知有五火之变，以数守之。

故以火佐攻者明，以水佐攻者强；水可以绝，不可以夺。

夫战胜攻取，而不修其功者，凶，命曰"费留"。故曰：明主虑之，良将修之，非利不动，非得不用，非危不战。主不可以怒而兴师，将不可以愠而致战；合于利而动，不合于利而止。怒可以复喜，愠可以复悦，亡国不可以复存，死者不可以复生。故明君慎之，良将警之，此安国全军之道也。

孙子说：火攻的方式有五种：一是火烧敌军人马，二是焚烧敌军粮草，三是焚烧敌军辎重，四是火烧敌军仓库，五是火烧敌军的运输设施。实施火攻必须具备一定的条件，发火器材平时就要准备妥当。放火要选择适当的时候，起火要选择有利的日期。所谓适当的时候，是指天气干燥；所谓有利的日期，是指月亮行经箕、壁、翼、轸这四个星宿的位置，凡是月亮行经这四个星宿的位置时，就是起风的日子。

凡是用火攻，必须根据上述五种火攻所引起的变化，灵活部署兵力加以策应。在敌营内部放火，就要早早派兵

第十三篇 火攻篇

在敌营外进行策应。火已燃起而敌军依然保持镇静的，就应等待观察，切勿贸然发起攻击；等到火势最猛烈的时候，根据情况，可以进攻就进攻，不可以进攻就要停止。火也可以在敌营外燃放，那样就不必等待内应，只要时机成熟就可以放火。在上风放火时，不可从下风进攻。白天风刮得久了，夜晚就容易停止。军队必须懂得这五种火攻方法的变化运用，等火攻的条件具备时，再来实施。

用火来辅助军队进攻，效果非常显著；用水来辅助军队进攻，攻势可以得到加强。水可以将敌军分割开来，但不能焚毁敌人的军需物资。

大凡打了胜仗，攻取了土地、城池，而不能及时巩固胜利的，会非常凶险，这种情况叫作"费留"。所以说：英明的君主要慎重考虑这个问题，贤良的将帅要严肃处理这个问题。不是对国家有利的，就不要采取行动；没有取胜的把握，就不要用兵；不到危急关头，就不要轻易开战。君主不可以因为一时的恼怒而兴兵打仗，将帅不可以因为一时的愤怒而贸然出战；符合国家利益的才可以行动，不符合国家利益的就要停止。恼怒了还可以重新欢喜起来，愤怒了还可以重新高兴起来，但是国家灭亡了就不复存在了，人死了也不能复生。所以，英明的君主对于战争应该十分慎重，贤良的将帅对于战争应该时刻保持警惕，这是安定国家、保全军队的根本之道。

◀ 火攻有五 ▶

火攻是古代作战方式之一。有五种方法，且需要天时地利人和等多方面条件配合。孙子专辟此篇单独论述，足见火攻的重要性。

火攻的种类和条件

火攻的种类

火人
焚烧敌人的人马

火积
焚烧敌人的粮草

火辎
焚烧敌人的辎重

火库
焚烧敌人的仓库

火队
焚烧敌人的运输设施

火攻的条件

发火的器材

有利的时机

有利的时机
天气干燥之时

有利的日子
月亮运行到箕、壁、翼、轸四个星宿的位置时，即起风的日子

官渡之战

《火攻篇》中说："故以火佐攻者明，以水佐攻者强。水可以绝，不可以夺。"意思是：用火来辅助军队进攻，效果非常明显；用水来辅助军队进攻，攻势可以加强。水可以将敌人分隔断绝，却不能像火那样烧毁敌人的粮草军需、物资器械。军队一旦失去了粮草军需，军心就会大乱，战斗也无法继续下去。官渡之战中，曹操就是利用这一谋略，将袁军的粮草尽皆烧毁，使得袁军军心大乱，最终取得了胜利。

东汉建安四年（199年）六月，占据冀、青、并等州的北方最大割据势力袁绍，在消灭幽州公孙瓒（zàn）之后，聚集十万大军，战马万匹，开始南下讨伐曹操，官渡之战由此拉开了序幕。

袁绍举兵南下的消息传到许都（今河南许昌），曹军诸将认为己方难以战胜袁绍，曹操却说："我知道袁绍的为人，他缺少智谋，意气用事，表面上逞强，骨子里虚弱。兵力虽多，但部署不当，手底下的将官骄横而政令不一，所以他是很难有所作为的。"

于是曹操聚兵两万迎击袁绍。

曹操率军占领黄河北岸的重镇黎阳（今河南浚县东），并派臧（zāng）霸率领精兵进入青州（今山东青州）一带，以巩固右翼，防止袁军从东面袭击许昌；又令于禁率领步骑两千，屯守黄河南岸的重要渡口延津（今河南延津）；协助扼守白马（今河南滑县东北）的东郡太守刘延，以阻止袁军渡河和长驱南下。同时，他还派人镇守关中（今陕西中部），拉拢凉州（今甘肃武威凉州区），以稳定侧翼。

正当曹操全力以赴布置对袁作战时，刘备突然背叛曹操，杀死了曹操的徐州刺史车胄（zhòu），占据下邳（pī，今江苏睢宁古邳），屯兵小沛（pèi，今江苏沛县），兵力迅速增至数万人。刘备还联络袁绍，准备与其合力，夹击曹操。曹操认真分析当时的形势后，认为刘备是人杰，是心腹大患；而袁绍见识短浅，绝非自己的对手。于是，曹操在次年正月率领精兵东伐刘备。

当时，有人建议袁绍趁曹操攻击刘备的时候，从背后袭击曹军，但袁绍没有采纳。结果曹操顺利攻占了沛县，并趁势收复了徐州（今江苏徐州）、下邳，还迫使关羽投降自己。刘备全军溃败，无奈之下，只好前往河北投靠袁绍。曹操获胜后，把军队撤回官渡，准备与袁绍决战。

同年二月，袁绍亲率大军进抵黎阳，并派郭图、淳于琼（qióng）、颜良进攻白马城，企图夺取黄河南岸的重要据点，以掩护主力渡河。四月，曹操为赢得主动，亲自率兵北上，准备解除白马之围。出兵白马之前，曹操采纳了谋士荀攸（yōu）的建议，先引兵到延津，佯装要渡河袭击袁绍的后方，袁绍当即分兵救援。曹操却乘机率领轻骑袭击白马的袁军。颜良仓促应战，被关羽斩杀，白马之围得以解除。

袁绍闻讯后，立即派大将文丑与刘备率领五千骑兵渡河追击曹军。而曹军当时只有骑兵五六百人，情急

之下，曹操下令士兵解鞍放马，又将辎重丢弃在路旁。文丑大军见到曹军丢弃的马匹、辎重，便你争我抢，乱作一团。曹操见此情形，急令军卒掉头杀向袁军。袁军顿时大败，大将文丑也在乱军之中被斩杀。此番曹军连斩颜良、文丑两员大将，袁绍大为震惊，下令把军队退到阳武（今河南中牟北部），曹操也还军官渡固守。

八月，袁绍兵临官渡，依沙堆扎营，东西数十里。曹操也扎下营寨与袁军对峙。九月，曹军几度出击，但均未能取得胜利。这时，袁绍下令构筑高台，命军士在楼上用箭俯射曹营，曹军士兵伤亡惨重。为了扭转这种被动局面，曹操命工匠连夜赶造霹雳车，向袁军还以飞石，摧毁了袁军的高台。

曹、袁双方的大军对峙月余。其间，袁绍遣刘备领兵去汝南（今河南汝南），扰乱曹操后方；又遣韩荀率步骑往西，欲切断曹军西道补给。曹操的部将曹仁领兵击败了刘备，继而大破韩荀于鸡洛山（今河南密县东北）。此时，曹军又得司隶校尉钟繇（yáo）自关中输送来的2000多匹战马，实力大大增强。

然而，随着双方对峙日久，曹军粮草将尽，士兵也十分疲乏。面对这一情况，曹操一筹莫展，心里非常着急。与此同时，袁绍命大将淳于琼率领10000余人从后方运来粮草，将粮草囤积在距离袁军大营以北40里的乌巢。袁绍帐下的谋士建议增兵护卫乌巢，以防曹军袭击，袁绍不听。

谋士许攸、将领张郃（hé）又建议以轻骑袭击许昌，袁绍仍不采纳。许攸见自己的建议不被采纳，气愤地转投曹操，并献计偷袭乌巢。

曹操听后大喜，当即留曹洪、荀攸守卫官渡大营，自己亲率步骑5000人，连夜出发，直奔乌巢。到达乌巢后，曹军立即围住粮囤放火，霎（shà）时间，火焰四起，烟雾遮天。

袁军的守将淳于琼见曹兵人数不多，于是出营组织反击。曹操挥军猛攻，迫使淳于琼退守营屯。

这时，救援乌巢的袁军骑兵已经逼近乌巢，曹操拒绝了分兵阻击援军的建议，仍旧集中兵力攻击乌巢守军，并对身边将官说道："敌兵到了我背后再来告诉我。"

士兵们见曹操心意坚决，都殊死拼杀，最后大破乌巢守军，擒杀袁将淳于琼，并将囤积的全部粮草和车辆都烧了个一干二净。

袁绍派去攻打曹军大营的张郃、高览二将得知乌巢粮草被烧的消息，又听闻袁绍对他们二人起疑心，于是直接投降了曹操。曹操乘势向袁军主力发起进攻，结果大获全胜。袁绍及其子袁谭只带了800余骑，仓皇逃往河北。历时一年多的官渡之战，以曹操的全面胜利宣告结束。

战例应用2

鄱阳湖之战

元末的鄱（pó）阳湖之战，是朱元璋在统一江南的过程中，率军在鄱阳湖（今江西鄱阳湖）击败陈友谅军的著名战役。在这场战役中，朱元璋采用火攻的战术重创陈军，这也成为其取胜的关键。

元朝末期，社会动乱，各地起义此起彼伏。在江南，形成了两支强大的义军势力——朱元璋军和陈友谅军。为了争夺天下，朱、陈二人展开了一场激烈厮杀。

至正二十三年（1363年）七月，朱、陈二军在康郎山（今江西鄱阳湖内）湖面遭遇。陈友谅的战船都是巨舰，连接布成一字长蛇阵，长达几十里，"望之如山"，气势夺人。朱元璋针对其巨舰首尾连接而不利进退的弱点，将己方舰船分为20队，每队都配备大小火炮、火铳（chòng）、火箭、火蒺藜（jí lí）、火枪、神机箭和弓弩。他下令，各队接近敌舰时，先发火器，次用弓弩，靠近敌舰时再用短兵器对敌军进行格斗。

朱元璋的大将徐达身先士卒，率舰队勇猛冲击，击败陈军前锋，毙敌 1500 人，缴获巨舰一艘。另一位大将俞通海乘风发炮，焚毁陈军 20 多艘舰船，陈军被杀和淹死者无数。

但朱军伤亡也不少，尤其是朱元璋的座舰因搁浅被围，差点儿遭遇不测。战斗从早晨一直进行到日暮，双方分不出胜负，最后鸣金收兵，战斗告一段落。

之后，朱元璋亲率水师出战。但陈友谅的舰只巨大，朱元璋的舰小，不能仰攻，所以接连受挫。朱元璋及时采纳了部将郭兴的建议，决定用火攻破敌。他耐心地等到了黄昏时分，湖面上终于吹

起了东北风。朱元璋挑选出一批勇士，驾驶 7 艘渔船，船上装满火药柴薪，径直冲向敌舰，等靠近后马上放火。转眼之间，陈友谅 100 多艘巨舰便化为灰烬，陈军死伤过半，大火还烧死了陈友谅两个兄弟，以及大将陈普略。朱元璋乘势挥军，发起猛攻，又毙敌 2000 多人。

陈友谅遭受重创后，下令把抓到的俘虏全部杀掉泄愤。朱元璋却正好相反，他将俘虏全部送还，并悼死医伤，从而瓦解了陈军士气，大得人心。陈军内部分崩离析，士气更加低落。

经过一个多月的对峙，陈友谅被困湖中，军粮马上用尽，于是，他决定冒死突围。朱元璋早料到他有这一招，便把军队移到江西湖口，等他自投罗网。

至正二十三年（1363年）八月二十六日，陈友谅选择在南湖嘴（今江西鄱阳湖西岸）突围。当他们刚行驶到湖口，朱军就从四面八方围了过来，对他们发起猛攻。陈军无法向前，只好改走泾江（今安徽宿松一带），可又遭到朱军伏击。陈军左冲右突，根本打不开生路，最终，陈友谅中箭而死，军队溃败，50000 余人投降。

鄱阳湖之战中，朱元璋面对舰只庞大、装备精良的陈军，冷静、敏捷地捕捉到敌方的弱点，利用风向、水流等自然条件，及时抢占有利的攻击阵位，不失时机地实施火攻，充分发挥了火器的作用，终于以少胜多、以弱胜强，创造了我国水战史上的著名战例。

火烧博望坡

火在善于用兵的人手里，是克敌利器。需要注意的是，火攻并非在敌人的队伍中烧把大火这样简单，它仰仗于精妙的部署，必须确保敌人不知不觉地落入"火"的陷阱，并不给敌人留下任何灭火的机会。

公元207年秋天，曹操命夏侯惇（dūn）、于禁、李典等率领10万大军到达新野（今河南新野），准备攻打刘备。刘备得知这个消息后，马上找诸葛亮商议对策。诸葛亮决定用火攻的办法来对付曹军。诸葛亮准备在博望坡实施自己的计划。他命令关羽带领1000名士兵埋伏在博望坡左边的豫山，张飞率领1000名士兵埋伏在博望坡右边的安林。

诸葛亮告诉关羽和张飞，看到曹军后不要急于开战，注意观察南方，看到南方起火后再纵兵出击。原来，诸葛亮知道曹军远道而来，必定会携带大量军粮，因此，关羽和张飞的主要任务就是烧掉敌人的粮草。粮草一旦被焚毁，敌人必然惊慌。

第十三篇 火攻篇

之后，诸葛亮又安排人手准备引火的东西，他命赵云带领一支小队人马到博望坡候敌，他嘱咐赵云说："只准输，不准赢。"

曹军很快就抵达博望坡，夏侯惇分出部分精兵做先头部队，其余的则由于禁和李典率领，押着粮草走在后面。到博望坡后不久，他们就遇到了赵云。两军相遇，少不了一番厮杀。不过，赵云遵从诸葛亮的命令，只输不赢，比画了两下，就假装败退而逃。夏侯惇不知道是计谋，在后面穷追不舍，追到半路又遇见刘备的大军，而刘备也和赵云一样，刚一交锋，就开始撤退。

赵云和刘备的"不堪一击"，让夏侯惇骄傲起来，他一门心思追击刘备等人，不顾己方负责押运粮草的兵马，也没有注意到自己已进入一片危机四伏的芦苇地。这让跟在后面的于禁和李典非常担心。李典等派人通知夏侯惇，要他注意周围环境，提防刘备实施火攻。夏侯惇这才意识到自己已置身于危险之中，但为时已晚。

时值秋天，天干物燥，风力又猛，正好为实施火攻创造了大好条件。芦苇丛中突然冒起了熊熊大火，曹军顿时乱作一团。滚滚浓烟遮蔽了他们的视线，灼热的火焰将他们一个个逼上死路，偏在这个时候，赵云又领兵杀了过来，这让本就惊恐不已的曹军更加慌乱。夏侯惇无力组织反击，只好临阵逃脱了。

同时，李典和于禁的情况也好不到哪儿去，他们顾不上着了火的粮草，一心想着杀出一条血路以脱离危险。不料，二人又在路上遇到了关羽，费了很大力气才保住性命，逃回许昌。

张飞在斩杀了数名曹将后，赶来和关羽会合，二人都对诸葛亮大为钦佩。曹军被杀散后，刘备将兵力聚集一处，将缴获来的曹军物资分发给手下的将士，然后兴高采烈地回到了新野。

兵 法 点 评

火攻是古代战争中常用的进攻方法，之所以常用，在于火攻的效果明显，破坏力大，而攻击所付出的代价却很低。本篇主要从火攻的种类、条件和实施方法几个方面对火攻进行了论述。

在《火攻篇》的最后，孙子强调了巩固胜利的重要性。认为即使是取得了战争的胜利，但不能将其巩固，这也是十分危险的事情。

孙子还语重心长地告诫君主将帅们，用兵作战要慎之又慎，不能因为一时的冲动而举兵作战。我们在生活中做任何一件事情之前，也都应该理性地克制个人情绪，控制自己的行为，决不可逞一时之气。

第十三篇 火攻篇

　　重战，就是重视战争，提高警惕，加强戒备。平时国家对敌人可能的进攻，应该采取的态度是"无其恃不来，恃吾有以待也，无恃其不攻，恃吾有所不可攻也"。当国家一旦遭受侵犯的时候，就要为挽危救亡而战，采取积极的攻势行动"屈人之兵"，甚至可以打出去，深入敌境，"拔人之城""毁人之国"。但是这一重战原则并不能成为好战者的借口，为了避免片面性，孙子同时还提出慎战原则。

　　慎战，指对发动战争要取慎重态度。用战是为了安国保民，不是国君将帅逞威泄愤的手段，也不是追求形式上的战胜攻取。

　　……

　　《火攻篇》末尾一段话集中地表述了孙子这一思想，他说："非利不动，非得不用，非危不战。主不可以怒而兴师，将不可以愠而致战；合于利而动，不合于利而止。……故明君慎之；良将警之，此安国全军之道也。"

——于泽民

第十四篇

用间篇

　　本篇主要论述用间的重要意义、间谍的种类及使用方法，强调任用智能之士为间谍定能成就大功，提出了先知敌情"不可取于鬼神""必取于人"的观点。本篇与论述战略决策的《计篇》首尾呼应，使孙子"知彼知己""先胜而后求战"的"全胜"思想得以贯穿始终。

孙子曰：凡兴师十万，出征千里，百姓之费，公家之奉，日费千金；内外骚动，怠于道路，不得操事者七十万家。相守数年，以争一日之胜，而爱爵禄百金，不知敌之情者，不仁之至也，非人之将也，非主之佐也，非胜之主也。故明君贤将，所以动而胜人，成功出于众者，先知也。先知者，不可取于鬼神，不可象于事，不可验于度，必取于人，知敌之情者也。

故用间有五：有因间、有内间、有反间、有死间、有生间。五间俱起，莫知其道，是谓神纪，人君之宝也。因间者，因其乡人而用之；内间者，因其官人而用之；反间者，因其敌间而用之；死间者，为诳事于外，令吾间知之而传于敌间也；生间者，反报也。

故三军之事，莫亲于间，赏莫厚于间，事莫密于间。非圣智不能用间，非仁义不能使间，非微妙不能得间之实。微哉微哉，无所不用间也！

间事未发而先闻者，间与所告者皆死。凡军之所欲击，城之所欲攻，人之所欲杀，必先知其守将、左右、谒者、门者、舍人之姓名，令吾间必索知之。必索敌人之间来间我者，因而利之，导而舍之，故反间可得而用也。因是而知之，故乡间、内间可得而使也。因是而知之，故死间为诳事，可使告敌。因是而知之，故生间可使如期。五间之事，主必知之，知之必在于反间，故反间不可不厚也。

昔殷之兴也，伊挚在夏；周之兴也，吕牙在殷。故惟明君贤将，能以上智为间者，必成大功。此兵之要，三军之所恃而动也。

孙子说：凡是出兵十万，千里征战，百姓的耗费，国家公务的开支，每天都要花费千金；国内局势动荡不安，民夫兵卒疲惫奔波在（输送军物的）路途上，不能从事耕作劳动的多达七十万家。交战双方相持数年，是为了有朝一日赢得胜利，如果因为吝惜爵禄和区区百金钱（而不肯重用间谍），以致不能了解敌情而遭受失败，实在是不仁到了极点。（这种人）不配做统率三军的将领，不配做君主的助手；这样的国君，不是能打胜仗的好国君。所以，英明的君主和贤良的将帅，之所以一行动就能战胜敌人，而成就超出于众人之上，是因为他们能够事先了解敌情。事先了解敌情，不能用求神问鬼的方式来获取，不能用相似的事情作类比，不能根据日月星辰运行的位置去进行验证，而是从了解敌情的人那里获取。

使用间谍的方式分为五种：因间、内间、反间、死间、生间。同时使用这五种间谍，能使敌人无从知道我用间的规律（从而无以应对），这是神妙莫测的道理，是国君克敌制胜的法宝。所谓"因间"，是指利用敌人的同乡做间谍；所谓"内间"，是指利用敌方的官吏做间谍；所谓"反间"，是指收买或利用敌方的间谍为我所用；所谓"死间"，是指故意散布虚假情报，并通过我方间谍把情报传达给敌方间谍，使敌人上当受骗（然而敌人一旦发现上当，我方间谍往往难逃一死）；所谓"生间"，是指派往敌方侦察而能活着回来报告敌情的人。

所以军队中的亲信，没有比间谍更为亲信的了，奖赏没有比间谍更为优厚的了，事情没有比间谍所做的更为机密的了。不是才智超群的人不能使用间谍；不是仁慈慷慨的人不能使用间谍；不是谋虑精细、手段巧妙的人不能获得间谍所提供的真实情报。微妙啊！微妙啊！无时无处不可以用间。

用间的计谋尚未施行，而秘密已经先行泄露的，那么间谍和知道机密的人都要处死。

凡是想要攻打的敌方军队，想要攻占的敌方城邑，想要刺杀的敌方人员，都必须先了解主管将领、左右亲信、负责传达通报的官员、守门官吏以及门客幕僚的姓名，命令我方间谍一定要将这些情况侦察清楚。

必须查出敌方派来刺探我方情报的间谍，根据具体情况对其加以利用和收买，诱导他，再放他回去，这样，策反的间谍就可以为我所用了。通过反间得知了敌情，乡间、内间也就可以为我所用了。通过反间得知了敌情，就可以通过死间来散布虚假情报给敌人了。通过反间得知敌情，所以生间就可以按照预定时间返回报告敌情了。这五种间谍的使用，国君都必须懂得，懂得的关键在于如何使用反间。所以，对于反间不可不给予优厚的待遇。

昔日殷商的兴起，是由于重用了在夏为臣的伊尹；周朝的兴起，是由于重用了在殷为官的姜子牙。所以，只有英明的君主和贤能的将帅，能任用智慧高超的人充当间谍，必定能成就巨大的功业。这是用兵的关键所在，是整个军队采取行动所依赖的东西。

有图有兵法

◀ 成功出于众者，先知也 ▶

能事先知道敌方的情报，了解对方的行动的人，方能胜过他人。

要先了解敌人的情况

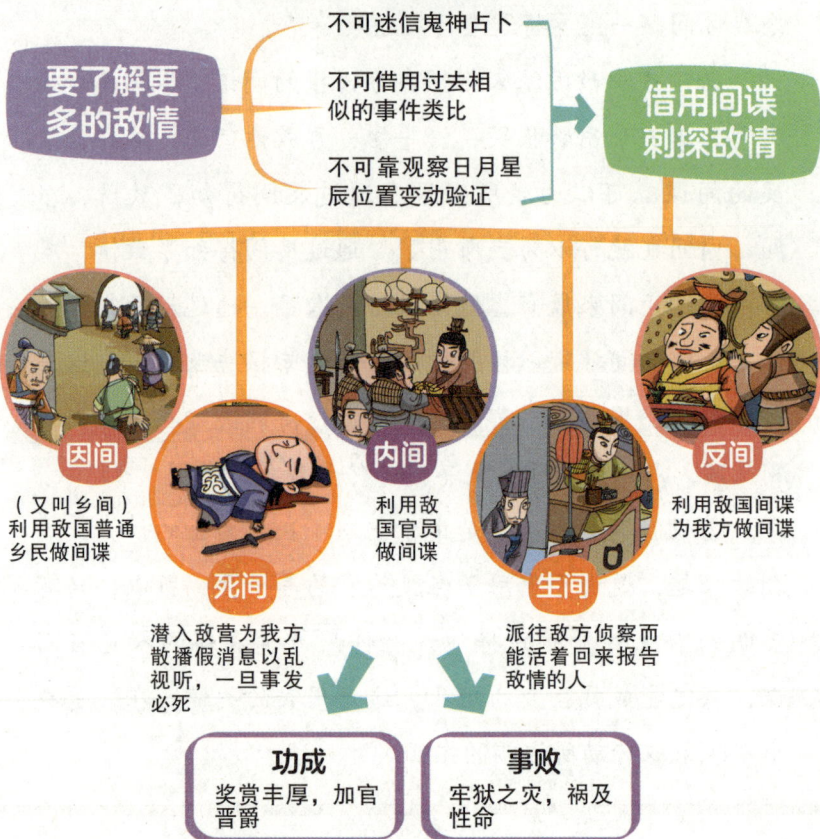

要了解更多的敌情

- 不可迷信鬼神占卜
- 不可借用过去相似的事件类比
- 不可靠观察日月星辰位置变动验证

→ **借用间谍刺探敌情**

因间
（又叫乡间）利用敌国普通乡民做间谍

死间
潜入敌营为我方散播假消息以乱视听，一旦事发必死

内间
利用敌国官员做间谍

生间
派往敌方侦察而能活着回来报告敌情的人

反间
利用敌国间谍为我方做间谍

功成
奖赏丰厚，加官晋爵

事败
牢狱之灾，祸及性命

◀ 五间俱起，莫知其道 ▶

能熟练使用五种间谍，敌人就无法预料你的行动，无法知道你的想法，这样就能探知敌情。

要善于使用"五间"

借用间谍刺探敌情

将帅　亲信　信使　间谍　幕僚　门吏

内间和因间可以启用　◀　策反敌方间谍做我方反间，使其为我方通传消息

死间可以传虚假消息　　生间可以返回报告敌情

如君主能善于使用这五种间谍必将成就大功业

孩子读得懂的
孙子兵法
下

蒋干中计

东汉末年，曹操占领荆州之后，因为北方士兵不习水战，于是任用荆州降将蔡瑁（mào）和张允为都督，让他们负责训练水军，为进攻江东做准备。

蔡、张二人久居荆州，深谙（ān）水战之法，一旦让他们训练好水军，会对江东造成极大威胁。东吴大都督周瑜对此很担忧，他很想除掉蔡瑁、张允二人，一时又没有良策。

一天，周瑜正在帐中议事，有人通报说，曹操的谋士蒋干来访。周瑜闻讯，立刻猜出了蒋干来意，随即计上心头，于是便如此这般地吩咐了一番，让众将依计而行。

蒋干，字子翼，是周瑜的同学，这次出访江东，是他主动向曹操请命而来，目的是想向周瑜劝降。

周瑜亲自带着部属出帐迎接，众人寒暄一番之后，周瑜便挽着蒋干的手一同走入大帐，请文武官员从旁作陪，设宴款待蒋干，并解下腰间佩剑交给大将太史慈，命他掌剑监酒，吩咐道："这是我的同窗好友，虽然是从江北过来的，但他并不是曹操的说客，诸位不要多心。今天是我们老同学相见，诸位只准叙朋友之情，不准言军旅之事，若有人胆敢提起两家战事，就立即推出门外斩首！"蒋干一听，大惊失色，哪里还敢劝降？

周瑜又转头对蒋干说："我自领兵以来，向来是滴酒不沾，今日故友相会，定要喝个一醉方休！"说罢，就一杯一杯不停往肚子里灌，很快就喝得酩酊（mǐng dǐng）大醉。蒋干满腹心事，因此不敢多饮酒，以免误了大事。

宴罢，蒋干扶着醉醺醺的周瑜回到帐中，周瑜说很久没有和蒋干见面，一定要与他同榻而眠。说完后就和衣而卧，才躺下一会儿就鼾（hān）声如雷。蒋干惦记着自己曾在曹操面前夸下海口，不知就这样空手而回该如何交代，哪里能入睡？他见周瑜睡得正香，帐内残灯尚明，桌上堆满了文书，便翻身下床，一边紧张地注视周瑜的动静，一边翻看文书。

翻着翻着，忽然看见文书里面夹着一封书信，他仔细一看，竟然是蔡瑁、张允写给周瑜的降书。蒋干看完，大吃一惊，慌忙将信藏在身上。刚想再翻看其他文书时，周瑜突然在床上翻了个身，含含糊糊地呓语道："子翼，我定叫你在数日之内看到曹操首级。"蒋干含糊地答应着，连忙熄灯上床，假装睡下。

将近四更时分，只听见有人进帐呼唤："都督醒了吗？"周瑜睡眼蒙眬（lóng）地问："床上睡的是什么人？"那人回答："都督忘了吗？是您自己邀请子翼共寝的。"周瑜懊恼地说："我平时从不醉酒，昨天喝醉了，不知可曾说过些什么？"那人说："江北有人过来……"周瑜急忙小声喝止："低声！"又看向蒋干，连叫了几声"子翼"。蒋干装作熟睡的样子，并没有回应。

周瑜赶紧与来人走出帐外，蒋干则竖起耳朵躲在帐内偷听。那人低声说："蔡、张二位都督说：'急切中无法下手。'……"那人紧接着压低了声音，蒋干便没有听清后面的话。他心中十分着急，又不敢轻举妄动。过了一会儿，周瑜回到帐内，又连声呼唤蒋干的名字，蒋干不应，仍然蒙头假睡。周瑜便脱衣上床，再次就寝。

蒋干暗想：周瑜为人精细，天亮后如果发现蔡、张二人的书信不见了，怎么可能会放过我？因此刚到五更，蒋干就趁周瑜熟睡之机，溜出帐外，叫上随身小童，径直走出军营，赶到江边，寻了小船，飞一般地赶回江北去见曹操。

曹操看到蒋干偷来的书信，勃然大怒，立刻唤蔡瑁、张允入帐，不容二人争辩，就命手下武士将他们推出去斩首。等二人人头刚落地，曹操才幡然醒悟，知道自己中了周瑜的计，可惜一切都为时已晚，只好换了两个都督训练水军。

就这样，大战还没开始时，周瑜便使用反间计，利用间谍将假情报带回去，轻而易举地除掉了曹军最为得力的水军将领，为日后赤壁大战的胜利奠定了基础。

战例应用2

石勒用间

西晋末年，爆发了"八王之乱"，一些少数民族首领趁机起兵，建立了割据政权，羯（jié）人石勒就是其中的一个。

石勒年轻时，与汲（jí）桑一起追随公师藩造反，他们劫掠郡县，释放囚犯，聚集了一批亡命之徒，势力越来越大。后来，石勒在一次战斗中战败，汲桑也被晋军所杀，石勒转而投奔了自称"汉王"的刘渊。

此后，石勒为刘渊东征西讨，立下了汗马功劳，他自己的势力也在征战中不断发展壮大起来。公元311年，地方豪强王弥密谋除掉石勒，企图吞并他的势力，却不慎走漏了消息，结果石勒抢先下手，杀死了王弥，吞并了他的全部人马。

王弥死后，幽州刺史王浚成了石勒最大的威胁。王浚是西晋的地方实力派，早有自立为帝之心，他曾想兼并石勒的势力，但是失败了。石勒的军师张宾叮嘱石勒说："虽然王浚兵势衰弱，但要想彻底消灭他，只可智取，不可硬战，如果现在假装归顺王浚，并表示愿意辅助他当皇帝，那么他一定会喜出望外。等到王浚疏于防备时，再一举消灭他，这才是上策。"石勒采纳了这一建议，并依照张宾的计谋行事。

石勒派门客王子春、董肇（zhào）等人带上许多珍宝去拜见王浚，并附上书信一封。在信里，石勒对王浚十分恭维，并希望王浚能顺应天意民心，登基称帝，又表示自己将会像对待亲生父母那样拥戴王浚。

在给王浚上书献宝的同时，石勒还让使者以重金笼络王浚的心腹近臣枣嵩（sōng）。王浚见石勒归顺，十分高兴，当即将王子春等人封侯，并派使者以地方特产答谢石勒。不久，王浚的部下阴谋叛变，并派使者去向石勒请降，而石勒当场杀了使者，将此事告知王浚，以表忠心。王浚因此更加信任石勒。

后来，王子春与王浚的使者一同归来。石勒预先得到消息后，马上下令将精兵和武器都隐藏起来。使者到达时，石勒又摆出迎接天子使节的架势，向北拜见王浚的使者，态度恭敬地接过他的书信。王浚赐给石勒拂尘，石勒先是假装惶恐不敢收下，等勉强接受后，又毕恭毕敬地把它挂在墙上，每天早、晚都要对着拂尘敬拜。与此同时，石勒派董肇向王浚上书，约定日期亲自去幽州奉上皇帝的尊号。王浚的使者回去后，把这些情况告诉王浚。王浚认定石勒忠贞不贰，至此疑心尽释。

石勒经过反复刺探，确信王浚已经相信了自己，便开始着手准备消灭王浚。

石勒先召见王子春，让他汇报幽州的情况。王子春说："幽州去年发生了大水灾，百姓连饭都吃不上，王浚手中有数百万斤粮食，却坐视百姓挨饿，不肯开仓放粮。而且王浚征收赋税极为频繁，统治苛刻残酷，又不听忠言，残害贤臣良将，属下无法忍受，背叛逃亡的有很多。在外，鲜卑、乌桓与其离心离德；在内，枣嵩、田矫贪虐横暴，军队疲敝，人心动摇。而王浚还口出狂言，说汉高祖、魏武帝都不足以与他相提并论。

得知王浚众叛亲离，幽州又正陷于饥荒贫困之中，石勒决定马上发兵，突袭幽州。但他又怕并州刺史刘琨（kūn）趁机从背后偷袭，张宾建议他利用刘

琨与王浚的矛盾，写信请求刘琨允许自己讨伐王浚，以便将功补过。石勒按张宾的意思安抚住了刘琨，解除了后顾之忧。

公元314年，石勒率领轻骑日夜兼程向幽州进发。石勒到达易水（今河北西部）时，王浚手下的督护孙纬收到消息，立即派人给王浚送信，请求抵抗。不料王浚却说："石勒到这里来，是要拥戴我当皇帝的。如果有谁还敢再说石勒的坏话，我就立刻处死他！"不仅如此，王浚还大设宴席，等待石勒的到来。清晨，石勒率军赶到蓟（jì）县（今属北京），让守城的人开门。因为一切都进行得太过顺利，石勒怀疑城内有埋伏，还想出了一条计策来应对：他先驱赶了几千头牛和几千

73

只羊，声称是献给王浚的礼物，实际上是用这些数量众多的牲畜来堵塞街巷，使王浚的军队无法出战。

直到这时，王浚才意识到大事不妙，可惜已经太迟了。结果，王浚被石勒生擒，后来被处死。就这样，石勒占据了幽州，吞并了王浚的军队，为其以后自立为赵王创造了条件。

从这个故事中，我们不难看出，孙子所说的用间的方法，石勒都已掌握，并能熟练运用。他之所以能轻取王浚，正是连续用间的成果。

石勒的门客王子春为生间，他被派往王浚营中，一方面投书示好，一方面侦察王浚在幽州的政治和军事情况；石勒又以重金收买了王浚的心腹枣嵩，将其作为内间，使得王浚对石勒更加信任；石勒又巧妙利用王浚派来的使者，在其来访时制造假象，让使者将虚假情报带回，成功地蒙蔽了对方。通过连续用间，石勒在全面掌握敌情、占据先机的同时，也使得王浚彻底陷入了错误的认识和判断之中，为最后的出奇制胜创造了条件。

计除范增

孙子特别重视"用间"的重要意义，认为这是用兵作战的要事之一，并强调在使用间谍时，必须机智、果敢和精心细致。刘邦离间项羽君臣的故事，就是用间计的典型事例。

公元前204年，楚汉之争已经到了最激烈的时候。这时，刘邦已被项羽困在荥（xíng）阳城中达一年之久，无论是外援还是粮草都已断绝。刘邦派人向项羽请和，但项羽不肯答应。刘邦内外交困，无计可施，只好去找谋士陈平商量对策。

陈平献计道："项羽为人刚愎（bì）自用，猜忌多疑，他所依赖的不过是亚父范增、钟离眛（mèi）、龙且这些人。况且，项羽每次赏赐功臣时，都吝惜爵位和封邑，因此人们都不愿为他效命。大王如果能舍得几万金，实施反间计，离间项羽与群臣的关系，一旦项羽阵营发生内讧（hòng），我军就能乘机发起反攻，那时定能击败楚军。"

刘邦觉得很有道理，立刻拿出四万金交给陈平，让他负责实施反间计。陈平用重金收买楚军将士，让他们散布流言说："钟离昧、龙且、周殷等将领功勋（xūn）卓著，项王却没有对他们裂土封王，他们心中不满，打算与汉王联合，等到消灭项王之后，平分项王的土地。"

谣言逐渐传到项羽耳中，项羽果然起了疑心，不仅不再与钟离昧等商议军机大事，甚至开始怀疑亚父范增，对范增越来越不尊敬。

恰逢刘邦派使者与项羽议和，项羽便派使者回访，企图借机探察谣言的真伪。

陈平听说项羽派来了使者，眼珠一转，计上心来。不一会儿，他指使侍从拿出上等的餐具和精美丰盛的食品，送进使者房间。使者刚一进屋，就被热情地邀至上座，然后，陈平当着使者的面对范增赞不绝口，又再三问起范增的起居情况，并附耳低声问道："亚父有何吩咐？"使者不解地说道："我是霸王派来的，不是亚父派来的。"陈平一听，佯装惊讶道："我还以为是亚父派来的使者呢，没想到是项王派来的使者！"说完，马上命人撤去上等酒席，随后把使者领到另一间布置极为简陋的客房，换上劣等的食物和餐具，最后装出一脸不耐烦的表情，拂袖而去。

楚使受此大辱，气愤难平，回去后，一五一十地报告了项羽，项羽大怒，愈发确定范增对自己不忠。而范增此时还不知道项羽已经对自己心生芥蒂，依旧三番五次地劝项羽速取荥阳，项羽却拒不听从。

过了一段时间，范增也听到了军中的谣言，再联想到项羽的态度，便知道自己被怀疑了，于是他以退为进，对项羽说道："天下大势已经定了，请大王好自为之，我年岁大了，身体不好，希望大王能让我回乡养老。"没想到项羽当场答应了他的请求，毫无挽留之意。

归乡途中，范增又气又恨，吃不下，睡不着，加上年事已高，最后一病不起，死在了路上。

反间计的关键是"以假乱真"，造假要造得巧妙、逼真，才能使敌人上当受骗，进而做出错误的判断。陈平的反间计让项羽赶走运筹帷幄（wéi wò）的亚父，失去了争雄天下的智慧。紧接着，陈平又使用了一个诈降之计，帮助刘邦逃出了荥阳，得以回到关中重新再战。后来，刘邦在总结项羽失败的教训时说："项羽有一个范增却不善用他，因此被我所擒。"

兵 法 点 评

在本篇一开始，孙子就着重论述了使用间谍的重要意义。我们知道，孙子对于制胜的重要理念之一便是"知己知彼，百战不殆"，这个理念也无不体现在《孙子兵法》的每一篇中。在日费千金、消耗巨大的战争期间，为战争所困的士兵与人民无不盼望着战争尽快结束，然而在大多数情况下，战争只有两种结果：不是胜，就是负。要想快速地取得胜利，就要制定出行之有效的制敌之法。而在战争中，谋划和用间贯彻始终，而且互为关联。了解和掌握敌情，是正确制定军事战略战术的基本前提，关系着战争胜负全局。孙子指出，两国"相守数年，以争一日之胜，而爱爵禄百金，不知敌之情者，不仁之至也，非人之将也，非主之佐也，非胜之主也"。使用间谍作为探知敌方内幕实情的最有效的办法，虽然耗费"爵禄百金"，但与劳民伤财的战争本身相比，绝对是九牛一毛。

孙子把因为爱惜爵禄而不重用间谍的统治者视作极为不仁的人，还说："成功出众者，先知也。"认为要想获得战争的成功，就必须预先知晓敌情。而用间除了有此作用以外，还有一层更为重要的意义，那就是通过间谍将假信息、假情报传递给敌人，误导对方，以此来达到改变敌人作战意图，削弱其力量的目的。

名家论《孙子兵法》

孙子主张以"上智为间"，用那些睿智聪颖的智谋之士担当战略侦察的重任，这正反映了他对智战的重视。他举例说："昔殷之兴也，伊挚在夏；周之兴也，吕牙在殷。"吕牙即姜子牙，姜子牙辅佐周武王灭商的故事，由于《封神演义》的广泛流传已为人们所熟知，我在此不再赘述。

　　这里只把伊挚其人其事略加介绍，以加深我们对《孙子兵法》战略策略思想的认识。伊挚又称伊尹，尹是官名。伊尹是商汤的右相，协助商汤进行了灭夏的鸣条（今山西永济）之战。这次战争发生在公元前16世纪初，比孙子诞生要早一千年。当时，商汤为了推翻夏桀残暴的统治，派伊尹深入夏都三年，侦探夏王朝的战略情报。伊尹又协助商汤制定了剪夏羽翼、争取民心、逐步壮大实力的策略。当看到夏桀政治腐败，众叛亲离，败亡之形已露端倪时，他即准确地判断灭夏的条件已经成熟、时机已经到来，于是请求商汤大举出兵。正是由于伊尹做了大量的、多方面的战略侦察工作，因此很快赢得了战争的胜利。

　　早于孙子一千年的伊尹就有这样的深谋远虑，不能不使我们惊叹。无怪乎孙子竭力主张"未战而庙算胜"，后世的兵家甚至提出"贵谋而贱战"（《汉书·赵充国传》），"以计代战一当万"（《晋书·杜预传》）。因为，它实在是军事斗争中的一柄利剑。

——吴如嵩

第十五篇

孙膑小传

　　孙膑是中国历史上另一位大军事家，据说还是孙武的后人。二人博大精深的军事思想如同兵家双璧，对后世产生了深远的影响。

"兵圣"后代

在孙武的后世子孙里，出了一个赫赫有名的军事家，他就是孙膑。孙膑出生在齐国，曾与庞涓是同窗，一起学习兵法。他学习刻苦，为人聪明，战术战法一学就会，还能灵活运用。

庞涓出仕后，听说魏国正在招贤纳士，便来到了魏国，成了魏惠王的大将军。他领兵作战本领高强，魏国上至国君下到百姓都十分尊重、崇拜他。不过，庞涓心有顾虑，他知道自己的才能根本比不上老同学孙膑，他担心孙膑将来会成为其他国家的大将，与自己为敌，于是暗地里派人把孙膑请到了魏国。

对于老同学的邀请，孙膑没有任何怀疑及防备。没想到，孙膑刚到魏国，庞涓就给他捏造罪名，根据魏国法律，"名正言顺"地挖去了孙膑双腿的膝盖骨，还在他脸上刺上了字，想让孙膑这辈子再也不能在人前露面。受刑后的孙膑，对魏国恨之入骨，一直在想办法逃走。有一次，他听说齐国的使者出使魏国，孙膑便以一个受过刑的罪犯的身份秘密拜见了齐国使者。齐国使者见孙膑言谈不同凡响，有异于常人的才能，便决定帮助他，于是，齐国使者在离开时，偷偷地将孙膑藏在车上，带回了齐国。

到了齐国之后，孙膑受到了齐国名将田忌的赏识，并在田忌的门下做了一名门客。

赛马施小计

　　齐国的王公贵族们经常以赛马赌输赢为乐，田忌的马总是不及他人的马，所以经常输。孙膑在目睹了几场赛马后，对田忌说："赛马共分三个等级，而每一级的马，您都比大王略逊一筹。按照比赛规则，您肯定三场都会输。"田忌不解地问："我该怎么办呢？"孙膑说："下次

赛马时，您照我的办法派出马匹，一定会取胜的，您只管多下赌注就是了。"田忌听了，心里十分高兴，立即与齐威王和各位公子约定赛马，并用千金来赌胜负。

赛马这一天到了。双方的骑士和马匹都来到赛马场上。齐威王和田忌坐在看台上，一起兴致勃勃地观看比赛。孙膑也来到了赛马场，坐在了田忌的身旁。

比赛开始了。按照孙膑的指示，田忌第一局派出了三等马对阵齐威王的一等马。结果可想而知，田忌输掉了第一局。到了第二局，田忌派出一等马与齐威王的二等马比赛，田忌获得胜利。第三局，田忌派出二等马对阵齐威王的三等马，田忌又赢了。三局两胜，田忌最终赢得了齐威王的千金赌注。

孙膑因此名声大噪，引起齐威王的注意。田忌将孙膑正式推荐给齐威王。齐威王很欣赏孙膑的才干，聘他做自己的兵法教师。

救赵用奇兵

后来，魏国攻打赵国，包围了赵国都城邯郸。赵王派人向齐国求援。齐威王想任命孙膑为将，孙膑推辞说："我是一个受过刑的人，不能担任部队的主将。"于是，齐威王任命田忌做主将，孙膑为军师，一同去救援赵国。孙膑无法行走，只能坐在一辆有敞篷的车里，暗中替田忌出谋划策。

接到命令后，田忌准备马上带着齐国的军队支援赵国，孙膑却阻拦他说："要想解开乱作一团、缠成一片的丝线，生拉硬拽是行不通的。要想劝解两个正在打架的人，不能在双方相持很近的地方去搏击。只有击中争斗者的要害，冲击对方的空虚之处，争斗者因为形势所迫，会不得不自行解开。现在魏国攻打赵国，派出了魏国大多数精锐士兵，而留在魏国内的，一定都是一些老弱的士兵。我建议您率领部队直奔魏国的都城大梁（今河南开封西北），占领它的要道，攻击它的空虚之处，魏军一定会放弃赵国，撤军解救自己。这样我们就能一举两得，既解除了赵国被围的局面，又可以乘机击败魏军。"田忌听从孙膑的建议。魏国军队果然丢下赵国都城邯郸，撤兵回国。在途中，他们遭遇了齐军的埋伏，损失惨重。

马陵擒庞涓

十三年之后，相似的一幕又出现了，魏国和赵国联合攻打韩国，韩国也向齐国求援。齐威王拜田忌为大将，孙膑为军师，发兵去援助韩国。魏军的统帅庞涓收到本国告急的消息，马上撤兵，日夜兼程赶回魏国，誓与齐军决一死战。

田忌本来还想像上次一样在半路上设伏兵，孙膑却说："魏国的军队一向骄傲自大，根本不把我们齐国军队放在眼里，他们急于求战，一定会以轻兵冒进。《孙子兵法》说：如果行军百里去争利，会使大将受挫。如果行军五十里去争利，也只有一半军队能够赶得到。我们必须改变战略。"

田忌问："那应该怎样做呢？"孙膑说："我们进入魏国境内后，第一天让军队建造十万灶来做饭，第二天减少到五万灶，第三天减少到三万灶。魏军发现我们的军队人数每天都在减少，就会认为齐军怯弱，最后就能中计。"田忌虽然不明白孙膑的用意，但听从了他的建议。

在与魏军接触之后，孙膑做出一副不敢与魏军正面交锋的样子，假装后退。庞涓追到齐军驻地时，只见地上全是用来煮饭的炉灶，经过清点，有十万个之多，心里有些不安。到了第二天，庞涓带领大军赶到齐军扎营的地方，数了数炉灶，却发现减少了一半。他又抖擞（sǒu）精神，命令士兵加速追击。

第三天，齐军再次后退，庞涓带兵追到齐军扎营的地方，又数了数炉灶，只剩下三万个炉灶了。庞涓高兴地说："我知道齐国的士兵胆子小，没想到会胆小成这样。不过三天时间，他们手下的士兵就跑了一大半。"于是他下令，步兵继续按原来的速度行进，自己带领轻装骑兵日夜兼程追赶齐军。

这一切都在孙膑的预料之中，他估算了一下魏军的行程，认为庞涓将在晚上到达马陵（今河北大名东南）。马陵这个地方道路狭窄，两边地形险要，可以埋伏军队。孙膑让士兵将路口的一棵大树削去外皮，在白树干上写下"庞涓死于此树之下"几个大字。接着，他调来一万名弓弩手，在马陵道两边设下埋伏。孙膑下令，等晚上见到魏军燃起火把就一齐射箭。

　　果然不出孙膑所料，庞涓在傍晚时分来到了马陵。他看见路口有一棵被削去树皮的大树，上面影影绰绰（chuò）好像有字迹，却看不清楚，于是命人取火把来照明。可他刚燃起火把，便有无

数支箭如同暴雨般射了过来，魏军顿时乱成一团。庞涓知道自己中了计，走投无路下，只好拔剑自杀。临死前，庞涓还不甘地说："这一战倒是成就了孙膑那小子的名声！"

齐军乘胜追击，彻底打败了魏国的军队，还俘虏了魏国太子申。孙膑利用军事谋略将霸主魏国拉下神坛，而齐国则挟战胜之威，迅速发展壮大，成为当时数一数二的强大国家。自此以后，孙膑的名气也传遍了各个诸侯国。

后来，孙膑也像孙子一样辞官归隐了。他一边教学授徒，一边潜心研究兵法，将自己领悟的军事理论与当年战争实践相结合，完成了流传千古的《孙膑兵法》。

《孙膑兵法》继承了前辈军事家的优秀成果，又融入了自己的军事理论，成为后世重要的军事书籍。